図説家庭基礎学習ノート

目次 CONTENTS

JN096348

MY PROFILE 自己紹介のページ

これからいっしょに家庭科を学んでいくあなたは，どんな人ですか？　ちょっと教えてください。

● 名前

● にがおえとニックネーム

● 下の言葉を使って自己紹介してください。

自分の好きなこと
将来の夢／家庭科ってこんなイメージ

● 中学校の家庭科で学んだことを教えてください。

分野 (学習したものに〇)	実習したこと (つくったものなど)
家族・家庭	
子どもの成長	
食生活	
衣生活・住生活	
消費生活と環境	

● 中学校までの家庭科で生活に役立ったことや印象に残ったことはありますか。

● 高校の家庭科ではどんなことを学びたいですか？

分野 (学習したものに〇)	特にやりたいこと
家族・家庭	
子どもの成長	
食生活	
衣生活・住生活	
消費生活と環境	
その他	

● 授業への希望，先生へのメッセージ

第1章 自分らしい生き方と家族

心理学者ジョセフ・ルフトとハリ・インガムによる「ジョハリの窓」（対人関係における気づきのグラフモデル）には，「【自分／他人】は【知っている／気づいていない】」の組み合わせにより，4つの窓がある。自分を知り，自分らしく人とかかわる人生について考えてみよう。

	自分は知っている	自分は気づいていない
他人は 知っている	**開放の窓** 自分も他人も知っている自己	**盲点の窓** 自分は気がついていないが，他人は知っている自己
他人は 気づいていない	**秘密の窓** 自分は知っているが，他人は気がついていない自己	**未知の窓** だれからもまだ知られていない自己

CHECK POINT

		YES	NO
1	自分の長所を3つ以上あげられる。	☐	☐
2	卒業後の進路について考えたことがある。	☐	☐
3	自分の夢や希望をかなえるために，高校時代に準備することは何かを自覚している。	☐	☐
4	「こうありたい」と思うゴールがいくつかある。	☐	☐
5	パートナーと関係を築くことについて，未来予想図を描いている。（結婚する・しない，年齢，相手のことなど）	☐	☐
6	あなたの親が高齢期の生活をどのように考えているかを知っている。（子どもと同居・別居，施設への入居希望など）	☐	☐
7	新しい出会いや経験にワクワクする。	☐	☐
8	「家族はいないと困る！」と思うことがある。	☐	☐
9	高校生の学業は，大人の労働と同じようなものだ。	☐	☐
10	こんにちの家族が抱えている問題を2つ以上あげられる。	☐	☐

自分らしさって何？

あなたが自分らしいと思うことを書き出してみよう。

NOTE

 # 生涯発達する人生

教 p.6〜7

> ▶人生の節目はいつくる（きた）だろうか。その時どんなことを考える（考えた）だろうか。

1 これからの人生について考えてみよう

教 p.6

★1　人の一生にかかわる語句についてまとめよう。

・(^{1}　　　　　　　　　）…人が生まれてから死ぬまでの，その人がたどる人生の道のり。

・(^{2}　　　　　　　　　）…人の一生を成長・発達の節目ごとに区分した段階。

　　　　　　　　　　　　　　　(^{3}　　　　　　　）期→(^{4}　　　　　　　）期

　　　　　　　　　　　　　　　→(^{5}　　　　　　　）期→(^{6}　　　　　　　　　　）期

　　　　　　　　　　　　　　　→(^{7}　　　　　　　）期

・(^{8}　　　　　　　　　）…人生の節目となるできごと。

　　　　　　　　　　　　　　　例）入学，卒業，就職，結婚，子どもの誕生，定年など

★★2　ライフイベントを想定してみよう。

年齢	ライフイベント	思いを一言	参考
18歳	高校卒業，成年		**高卒就職内定率**　97.7% （2021年　文部科学省） **大学進学率**　男性：57.7% 　　　　　　　女性：50.9% （2020年　文部科学省） **初婚年齢**　夫：31.0歳 　　　　　　妻：29.4歳 （2020年　厚生労働省） **出産平均年齢** 　第1子：30.7歳 （2020年　厚生労働省） **注文住宅（新築）世帯主平均年齢** 　40.9歳 （2019年　国土交通省） **平均寿命** 　女：87.57歳，男：81.47歳
（　）歳	死亡		（2021年　厚生労働省）

2 発達課題と生涯発達 教 p.7

★ライフステージにおいて直面するその段階ならではの (^{9}　　　　　　　） を乗りこ
えて，自分自身を成長させていく人生のありようのことを(^{10}　　　　　　　） という。
人は生まれてから死を迎えるその日まで，生涯発達をしながら (^{11}　　　　　　　） し続
けている存在である。

高校生は，(^{12}　　　　　　） 期のライフステージの段階にある。

青年期の発達課題には，

・(^{13}　　　　　　） の形成
・(^{14}　　　　　　） に向けたさまざまな課題
・社会を構成する一員としての (^{15}　　　　　　） と (^{16}　　　　　　）

などがあげられる。

★★★1　教科書p.7 ❷を参考にして，自分自身の成長に必要な課題を具体的に書こう。

時期	学習面の課題	生活面の課題	人間関係の課題	経済面の課題
高校時代				
進学・就職				
結婚・子育て				
壮年期				
高齢期				

NOTE

2 これからの人生をデザインする

教 p.8〜9

> ▶自分の人生に必要なものは何か，考えてみよう。
>
> ....
>
> ....

1 生活設計

教 p.8

★1 　□□□には説明文が示す語句を答え，（　）にはあてはまる言葉を答えよう。

| 1 | …人生における家庭生活や職業生活を総合的に見てとらえた，その人の経歴（キャリア）のこと。 |

| 2 | …自分らしく生きるために，これからのキャリアを展望すること。 |

| 3 | …計画（(4　　　　　)）・実行（(5　　　　　)）・振り返り（(6　　　　　)）・次のステップ（(7　　　　　)）へと，繰り返し行動を続ける営み。 |

| 8 | …私たちが生活を営むうえで必要不可欠なものをいう。例)(9 |

）など

★★2 　教科書p.8 ❷を見て，今後の自分の生活の力点について考え，グラフを書き込もう。

項目	自分									18〜29歳(内閣府「世論調査(2019)」)								
	0	10	20	30	40	50	60	70	80%	0	10	20	30	40	50	60	70	80%
健康														(44.5%)				
資産・貯蓄														(47.8%)				
レジャー・余暇生活													(34.6%)					
所得・収入															(53.1%)			
食生活												(28.1%)						
住生活												(26.9%)						
自己啓発・能力向上												(27.4%)						
耐久消費財											(15.1%)							
衣生活											(12.5%)							

世論調査や友人と比較して，考えたことを書こう。

2 これからの社会と私たちの人生　　　教 p.9

★★1　教科書p.9 ❸を見て，次の表に義務教育終了の線にならって，平均初婚年齢と平均寿命の年齢に点を打ち，年代ごとに点を結ぼう。また，表を見た感想を書こう。

●は女性，●は男性の年齢。

年齢	10	20	30	40	50	60	70	80	90歳
約70年前 1950～1954年	●●								
約50年前 1975年	●●								
約25年前 2000年	●●								
近年 2020～2021年	●●								

義務教育終了

感想

★★★2　適性探しをしよう。

①名前を記入した紙（ノート）をグループで回し，記入してもらう。

②自分についてのコメントを見て，自分の適性について考えてみよう。

名前

◎長所　　　　　　　　　　　◎適性があると思う職業など

◎感想

NOTE

教 p.10〜11

3 青年期を生きる

▶**自分にあてはまるものに○をつけよう。**

（　）自分のことはできるだけ自分でするよう　　（　）疲れやすい。
　　　　にしている。　　　　　　　　　　　　　（　）つまらないことですぐ落ちこむ。
（　）やる気になればどんなことでもできる。　　（　）自分の外見が気になる。
（　）決まりやルールをきちんと守るほうだ。　　（　）嫌なことがあってもすぐに忘れる。
（　）好きで夢中になることがある。　　　　　　（　）運がよい。
（　）かっとなりやすい。　　　　　　　　　　　（　）早く大人になりたい。

1 自立とは

教 p.10

★**自立の種類とその説明文を線で結ぼう。**

生活的自立 ①・　　　　・ア．職業に就き働いて収入を得ることができる。

精神的自立 ②・　　　　・イ．毎日の生活を自己管理し，健康で快適な暮らしを営める。

経済的自立 ③・　　　　・ウ．自分の欲求を押しつけるのではなく，相手の気持ちを思
　　　　　　　　　　　　　　　いやり，親密な深い関係を築いていける。

性的自立 ④・　　　　・エ．自分の考えを持って的確に判断し，行動できる。

2 自分らしい生き方

教 p.11

★★★**中心語（私）から外側に連想を広げ，私のイメージマップをつくろう。**

シンキングツール

イメージマップ
中心に置いた言葉・トピックから，連想する内容を書き込み，さらにそこから連想するものを書いていくことにより，アイデアや思考を広げていこう。

あなたの特性，
生き方や職業に
つながるのは？

（私）

NOTE

4 生活を支える労働

教 p.12〜13

▶将来の職業について考えよう。

❶教科書p.12 ❶〜❹を見て，印象に残ったのは何？　（　　　　　　　　　　　　　　）

❷あなたが将来就きたい職業を1つ記入しよう。　（　　　　　　　　　　　　　　　）

❸その職業を選んだ理由は？　　　　　　　　　　（　　　　　　　　　　　　　　　）

❹いつから就きたいと考えているのだろうか？　　（　　　　　　　　　　　　　　　）

❺その職業に就くために必要だと思うことを記入しよう。

　（　　　　　　　　　　　　　　　　　　　　　　　　　　　　　　　　　　　　）

❻現在その職業に就くために努力していることがあれば記入しよう。

　（　　　　　　　　　　　　　　　　　　　　　　　　　　　　　　　　　　　　）

1 職業労働について考える

教 p.12

★職業労働は（1　　　　　　　）（ペイドワーク）ともいわれる報酬を伴う仕事である。

●就業形態
- ・（2　　　　　　　）…会社などに雇われる人と雇う人の双方をさす。
- ・（3　　　　　　　）…個人事業主。
- ・（4　　　　　　　）…仕事の時間が縛られない業種（あるいは業者）のこと。仕事を個人で選んで契約を結ぶため，仕事ごとに契約する相手は異なる。別呼称（5　　　　　　　）。

●雇用
- ・（6　　　　　　　）…原則無期雇用，フルタイム勤務。勤務地の移動・残業がある。
- ・（7　　　　　　　）…契約社員，派遣社員，パートタイマー，アルバイト，嘱託など。

●（8　　　　　　　　）…ICTを活用した，場所や時間にとらわれない柔軟な働き方。

2 家事労働について考える

教 p.13

自助

★家事労働は（9　　　　　　　　）（アンペイドワーク）ともいわれる報酬を伴わない仕事である。生活を営むうえでは欠かせない重要な仕事であり，共に暮らす人たちみなが「自分がすべきこと」という自覚を持ちながら（10　　　　　　　）して行う必要がある。

共助

　一方，家族の（11　　　　　　　）・（12　　　　　　　），（13　　　　　　　）の増加により，家事労働を（14　　　　　　　）のサービスなどを利用してまかなうようにもなっており，これを（15　　　　　　　）（社会化）という。

公助

　家庭生活を円滑に進めていくためには，（16　　　　　　　）や（17　　　　　　　）のしくみを活用することも大切である。

★★教科書p.13 ❺の家事項目を参考にして，自分の生活のなかの家事を記入しよう。

時刻	生活	自分がする家事	家族がしてくれる家事	外部化（社会化）
	起床			
	朝食			
	身支度			クリーニング
	通学			
	昼食			惣菜・弁当
	部活動			
	帰宅			
	夕食			外食，惣菜，宅配
	入浴			銭湯
	勉強・自由			塾，家庭教師
	就寝			
その他	掃除			ハウスクリーニング
	買い物			宅配，通販
	荷物の受け取り			コンビニ受け取り
	妹弟の世話			保育所・幼稚園
	祖父母の世話			老人ホーム

★★★ 深ぼりWORK 家事について考えてみよう

1 「家事」のイメージ

2 得意または挑戦したい家事

3 家事を行えない理由

4 家庭機能の外部化（社会化）や家庭電化製品などでまかなえる家事

5 4 の使用についてのみんなの意見

6 家事全般を家庭内で円滑に行うために必要なこと

教 p.14〜15

5 生活時間から見えてくるもの

NOTE

▶生活時間の使い方に影響があると思うものを記入してみよう。

1 生活時間を考える

教 p.14〜15

★次の①〜③にあてはまるものをすべて選び，記号で答えよう。

①生理的に必要な（1次活動に使う）時間……………………（　　　　　　　　　）

②社会生活を営むうえで必要な（2次活動に使う）時間…（　　　　　　　　　）

③各人が自由に使える（3次活動に使う）時間……………（　　　　　　　　　）

ア．育児　　　イ．介護・看護　　　ウ．買い物　　　エ．学業　　　オ．学習・自己啓発

カ．家事労働　　　キ．交際・つきあい　　　ク．収入労働　　　ケ．趣味・娯楽　　　コ．食事

サ．睡眠　　　シ．スポーツ　　　ス．通勤・通学　　　セ．テレビ・新聞・雑誌

ソ．ボランティア活動・社会参加活動　　　タ．身の回りの用事

2 生活時間配分の比較

教 p.14〜15

シンキングツール

情報分析チャート
事実・データと，伝聞・人の話に分けて整理する。そこから推測できることを導き出し，自分の意見をつくり出そう。

★★★次の表は，教科書p.14 ❷の夫と妻を比べ，多いほうにその時間差を記入したものである。情報分析チャートを使い，表と❷から夫婦の生活時間の課題について考えてみよう。

	共働き世帯		夫有業・妻無業	
	夫	妻	夫	妻
睡眠・食事など	1分			8分
仕事・通勤など	1時間58分		7時間23分	
家事・育児・介護など		2時間45分		6時間7分
自由時間	46分			1時間10分

事実：表と❷から読み取れることは何だろう？
1

伝聞・人の話：夫・妻の発言を想像してみよう。
2

推測：事実や伝聞から考えられることは何だろう？
3

意見：どうしたらよいか，あなたの意見を書いてみよう。
4

6 男女共同参画社会をめざして

教 p.16〜17

▶次の言葉について，男女を限定しない表現を答えよう。

❶スチュワーデス➡（　　　　　　　　　　　　）　　❷父兄➡（　　　　　　　　　　）

❸看護婦・看護士➡（　　　　　　　　　）　　❹営業マン➡（　　　　　　　　）

1　男女共同参画社会の推進

教 p.16

★男女共同参画社会に関する法制度についてまとめよう。

・1999 年，（¹　　　　　　　　　　　　　　　）施行…社会のあらゆる場において，性別に伴う固定観念（ジェンダー：gender）を根拠にすることがないように国内の制度や慣習を見直す。

・（²　　　　　　　　　　　　）の改正，2015 年の（³　　　　　　　　　　）制定

※共に生活を営む周囲の人々の理解や（⁴　　　　　　　　　）の協力も必要。

2　固定的性別役割分業をこえて

教 p.17

★★ 1　教科書p.17 ❺を参考にして，男性の家事・育児について，バタフライチャートを用いて賛成・反対の意見や理由を考えよう。

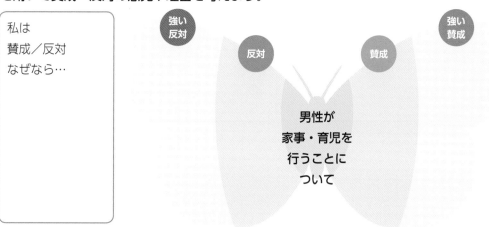

私は
賛成／反対
なぜなら…

強い反対　反対　賛成　強い賛成

男性が
家事・育児を
行うことに
ついて

シンキングツール

バタフライチャート
中央にテーマを設定し，賛成・反対の立場から意見や理由を述べて，多面的に考えられるようになろう。

★★ 2　教科書p.17 ❻❼を参考にして，ワーク・ライフ・バランスのとれた社会への具体的な改善策について，情報交換し，提案をしよう。

知っている改善策	提案
5	6

NOTE

7 現代の家族

教 p.18〜19

▶あなたが「家族」と思うものに○をつけてみよう。

❶結婚して家を出た兄弟姉妹　　（　　）　　❷近所に住んでいる配偶者の親　　（　　）

❸単身赴任している父／母　　　（　　）　　❹事実婚のパートナー　　　　　　（　　）

❺ルームメイト　　　　　　　　（　　）　　❻ペット　　　　　　　　　　　　（　　）

★★★ 深ぼりWORK あなたにとっての家族とは？

1 あなたが家族だと思う人をすべてあげてみよう。

2 教科書p.19❹と1の回答を比べ，気づいたことを書こう。（❹であなたが家族と思わないものはどれ？　なぜ？）

4 自分にとっての家族の定義

3 自分にとって家族だと思う条件は何？　教科書p.19❺❻を参考にして話し合ってみよう。

1 家族って何だろう

教 p.18〜19

★1　さまざまな家族形態について説明しているものを後から選び，記号で答えよう。

①オンデマンド婚　　　（　　　）　　②シングルマザー／シングルファザー　（　　　）

③ステップファミリー　（　　　）　　④ディンクス　　　　　　　　　　　　（　　　）

⑤デュークス　　　　　（　　　）　　⑥配偶者の一方が専業主婦／専業主夫　（　　　）

ア．夫婦の一方あるいは双方が，前の配偶者との子どもを連れて再婚し，誕生した家族。

イ．いわゆる別居婚のこと。別々に生活しており，相手を必要とする時に会う夫婦。

ウ．夫婦のどちらかが家事や育児などに専念している家族。

エ．共働きで子どものいる夫婦。Double Employed With Kidsの略。

オ．共働きで子どものいない夫婦。Double Income No Kidsの略。

カ．主にひとりで子どもを育てる母親や父親。

★2　家族に関する語句についてまとめよう。

- (¹　　　　　)…一般的には夫婦を中心として親子やきょうだいなど，近親者が主な構成員。
  - (²　　　　　)…成長を支える家族。
  - (³　　　　　)…つくっていく家族※。

  ※「どのような家族をつくりたいか」は「どのような生き方をしたいか」と密接に関係。

- (⁴　　　　　)…家族などが共同で暮らしを営む生活の場。ひとり暮らしの場合も同様。

- (⁵　　　　　)…「住居と生計を共にする集団」，「一戸を構えて住んでいる単身者」など。家族によるものが多いが，血縁や結婚と関係のない人々のこともある。

- (⁶　　　　　)…婚姻届を出さないことを主体的に選択して共同生活を営む場合。
- (⁷　　　　　)…婚姻関係に準ずる新しい家族の形。
- (⁸　　　　　)…男女が婚姻届を出しているもの。

★★★3　「私の家族」未来予想図——教科書p.19❻を参考にして，あなたの未来の家族を，文章やイラストで紹介しよう。

- 家族構成……
- 生活，生き方……
- 住んでいる場所……
- その他……

未来の家族の絵を描いてみよう。

★4　フランスの事実婚であるPACS（パクス）（民事連帯契約）についてまとめよう。

法律婚より少ない，もしくは同等	法律婚との相違
・法律婚よりも(⁹　　　　)の保障は少ない。 ・(¹⁰　　　　)義務と日常生活の(¹¹　　　　)を共同する義務は負う。	・(¹²　　　　)は高い。 ・当事者は共同生活のしかたや(¹³　　　)や(¹⁴　　　)の取り扱いを自分たちで決めて(¹⁵　　　)のなかに盛りこむことができる。

8 家族・家庭を取り巻く社会環境の変化や課題

敎 p.20〜21

▶あなたが最近ニュースで知った「家族に関する事件」を記入してみよう。

1 世帯構成の変化

敎 p.20

★1　**世帯類型**についてまとめよう。

一般世帯	施設などの世帯：寮・寄宿舎の学生・生徒，病院・療養所の入院者，社会施設の入所者の集まりなど。

(¹　　　　　　)世帯
結婚や血縁などの関係にある人を中心に構成される。

(²　　　　　　)世帯
友人同士など親族関係にない者同士からなる。

(³　　　　　　)世帯
世帯人員がひとり。

(⁴　　　　　　)世帯
夫婦のみ，または夫婦（あるいは一方）と未婚の子どもからなる。

(⁵　　　　　　)世帯
親と，結婚した子どもの家族から構成される。

その他の親族世帯
直系家族以外の親族が含まれる。兄弟姉妹のみの世帯。

★★2　**教科書p.20 ❶を見て，（　　）にあてはまる語句や数字を記入し，下線について問いに答えよう。**

・全世帯に占める(⁶　　　　　　　　)の割合が最も多いが，しだいに(⁷　　　　　　　)している。

・(⁸　　　　　　　)は大幅減少しているが，(⁹　　　　　　　)は増加が著しい。

・一般世帯の世帯数は，1960年以降一貫して(¹⁰　　　　　　)している。

・1世帯あたりの人員について，1970年は(¹¹　　　　　　)人だが，2020年には(¹²　　　　　　)人と減少し，(¹³　　　　　　)が進んでいる。

問1　下線部についてその理由を考えよう。

> 14

問2　単独世帯の増加による問題を考えよう。

> 15

単独世帯率の推移と65歳以上の単独世帯数の推移（2020年以降は予測）

→ 単独世帯（割合）（左軸）　→ 65歳以上の単独世帯（右軸）

総務省「平成30年度版　情報通信白書」による

2 現代の家族の課題と支援
教 p.21

★1 　⬗の課題について，解決のための取り組みを ▭ に答えよう。

家族内の問題は，表面化しにくいため，問題が深刻化するのを食い止めることが容易ではない。	16
1980年代から，子どもに対する親などからの虐待が問題となった。	2000年， (17　　　　　　　　　　　　)制定
配偶者や恋人からの暴力（ドメスティック・バイオレンス：DV）。	2001年，「配偶者からの暴力の防止及び被害者の保護等に関する法律」(18　　　　　　)成立

★2 　どんな行動がDVになるのだろうか？ くま手チャートを使って，いろいろなDVを認識しよう。

DVの種類	
身体的暴力	(19
精神的暴力	(20
性的暴力	(21
経済的暴力	(22
社会的暴力	(23

シンキングツール

くま手チャート
1つのテーマについて，複数の視点・観点を設定し，それぞれ細かく考えていくことで，多角的にものごとをとらえられるようになろう。

★★★ 深ぼりWORK デートDVについてみんなで考えてみよう

1 教科書p.21 ❹は，何がいけないのだろうか？

	いけないと思う言動	DVの種類
ハルナさんの場合	24	25
	26	27
ユウトさんの場合	28	29
	30	31

2 このような問題がなぜ起きるのか？

32

3 気をつけること・相談施設など

33

NOTE

9 家族に関する法律の理念と変化

教 p.22〜23

▶民法における親族の範囲についてまとめよう。

❶親族…（　　　　　　　　　　　　　　　　　　　　　　　　　　　　　　　　　）

❷直系…（　　　　　　　　　　　　　　　　　　　　　　　　　　　　　　　　　）

❸傍系…（　　　　　　　　　　　　　　　　　　　　　　　　　　　　　　　　　）

1 家族法の理念と背景

教 p.22〜23

★民法全5編のうち，第4編（親族）と第5編（相続）を合わせて「(^{1}　　　　　　　　　　)」
と呼ぶ。

★旧民法（明治民法）と現行民法を比較してみよう。

項目	旧民法(明治民法)	現行民法
施行	(^{2}　　　　　　　　　)年	(^{3}　　　　　　　　　)年
理念	(^{4}　　　　　　　　　)➡「家」の繁栄・存続 ((^{5}　　　　　　　　)※の権限強，男尊女卑)	(^{6}　　　　　　　　　　　　　　), (^{7}　　　　　　　　　　　　)
結婚	(^{8}　　　　　　　　)※の同意が必要 男性(^{9}　　　　)歳，女性(^{10}　　　　) 歳まで親の同意が必要	(^{11}　　　　　　　　)の合意のみ
夫婦	財産管理権は(^{12}　　　　　　)のみ 同姓＝(^{13}　　　　　　)の姓	権利・義務は平等 同姓＝(^{14}　　　　　　　　)の姓
親子	子の親権は原則として(^{15}　　　　　)のみ	(^{16}　　　　　　　　)
相続	(^{17}　　　　)相続➡(^{18}　　　　)優先	(^{19}　　　　　　)相続➡配偶者と子

※戸主は原則(^{20}　　　　　　)性。

2 時代に応じた民法改正

教 p.22〜23

　法の改正の背景には，社会・経済の変化への対応と，人々の価値観の変化がある。民法
も，私たち一人ひとりの認識にもとづいた社会の要請に応じて検討，改正されていくもの
である。

★近年の民法改正についてまとめよう。

婚内子・婚外子の相続分	改正前	婚外子は婚内子の1／2	現行民法	^{21}
再婚禁止期間		女性のみ6か月→100日間		廃止（2024年夏までに施行）
成年年齢		20歳		^{22}
婚姻年齢		男性満18歳，女性満16歳		^{23}
夫婦の姓	現行民法	夫か妻の姓を名のる（同姓）	改正案	^{24}

10 家族にかかわる法律

教 p.24～25

▶教科書p.25 ❺を見て，相続人が次の場合の法定相続を調べ，1000万円を分配してみよう。

配偶者	(1　　　　)万円	配偶者	(3　　　　)万円	配偶者	(6　　　　)万円
子1人	(2　　　　)万円	子2人 {	(4　　　　)万円 (5　　　　)万円	亡くなった人の兄弟姉妹1人 	(7　　　　)万円

1 家族の生活と法律

教 p.24～25

★★次の文の誤っている語句に下線を引き，正しい語句を（　）に記入しよう。

●夫婦に関する法律

①婚姻は，20歳にならなければ，することができない。　　　（　　　　　　　）

②子のある者は，重ねて婚姻をすることができない。　　　（　　　　　　　）

③婚姻は，婚姻法の定めるところにより届け出ることによって，その効力を生ずる。

（　　　　　　　）

④夫婦は，婚姻の際に定めるところに従い，夫の氏を称する。　　　（　　　　　　　）

⑤夫婦は同居・協力・支援の義務を負うことが定められている。　　（　　　　　　　）

⑥財産については，各自が財産を所有する単独制がとられている。　（　　　　　　　）

⑦夫婦は，その申請で，離婚をすることができる。　　　（　　　　　　　）

●親子に関する法律

⑧嫡出でない子は，その父がこれを認知することができる。　　　（　　　　　　　）

⑨成年に達しない子は，父の親権に服する。　　　（　　　　　　　）

⑩父母が協議上の離婚をするときは，その協議で，その双方を親権者と定めなければならない。　　　（　　　　　　　）

⑪親権を行う者は，子の利益のために子の監護及び管理をする権利を有し，義務を負う。

（　　　　　　　）

⑫子は，親権を行う者の許可を得なければ，商売を営むことができない。

（　　　　　　　）

●扶養に関する法律

⑬直系血族及び姻族は，互いに扶養をする義務がある。　　　（　　　　　　　）

⑭特別の事情がある時は，2親等以内の親族にも家庭裁判所は扶養義務を負わせることができる。　　　（　　　　　　　）

NOTE

実践コーナー1 自立チェック表

1 生活を見直して，自分で5段階評価をしてみよう。

2 【家庭学習】　(1) 家族からの評価も聞いてみよう。

(2) 自己評価と家族からの評価が異なった項目について家族と話しあってみよう。

問 ＼ 評価	自己	家族
①		
②		
③		
④		
⑤		
⑥		
⑦		
⑧		
⑨		
⑩		
⑪		
⑫		
⑬		
⑭		
⑮		
⑯		
⑰		
⑱		
⑲		
⑳		
㉑		
㉒		
㉓		
㉔		
㉕		
㉖		
㉗		
㉘		
㉙		
㉚		
合計		

1　十分ではない・できていない　2　　3　できる・している　4　　5　とてもよくできる・とてもよくしている

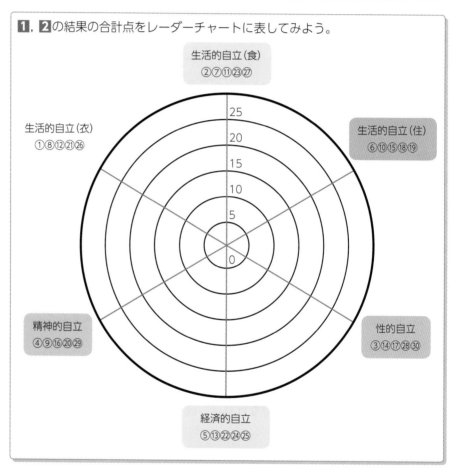

1, **2**の結果の合計点をレーダーチャートに表してみよう。

生活的自立(食) ②⑦⑪㉓㉗
生活的自立(衣) ①⑧⑫㉑㉖
生活的自立(住) ⑥⑩⑮⑱⑲
精神的自立 ④⑨⑯⑳㉙
性的自立 ③⑭⑰㉘㉚
経済的自立 ⑤⑬㉒㉔㉕

3 改善策を表明しよう。

(　　)月(　　)日までにNo.(　　)について改善します。
<具体案>[1]

感想[2]

実践コーナー2　大人になるってどんなこと？

現在18歳の若者は選挙権および投票権を持ち，2022年4月1日から成年年齢は18歳に引き下げられた。

1　各項目について改正後の年齢を確認し，改正の理由を考えよう。

内容	改正前	改正後	理　由
選挙権		(¹　　　) 歳以上	³
憲法改正のための国民投票		(²　　　) 歳以上	
ローン契約	20歳 以上	(⁴　　　) 歳以上	⁵
自分の判断での就職		(⁶　　　) 歳以上	⁷
婚姻適齢	男18歳 女16歳	(⁸　　　) 歳以上	⁹
飲酒・喫煙	20歳 以上	(¹⁰　　　) 歳以上	¹¹
公営競技		(¹²　　　) 歳以上	¹³

2　少年法の対象年齢について，PMIを使って考えてみよう。

シンキングツール

PMI
Plus（よい点），
Minus（問題点），
Interest（気になる点，どちらとも言いにくいこと）
に分けて整理して，多面的に考えてみよう。

少年法の対象年齢18歳案について		
P：よい点（Plus） プラスの面，いいところを書く	M：問題点（Minus） マイナスの面，問題点を書く	I：気になる点（Interest） 肯定／否定のどちらにもあてはまらないところを書く
¹⁴	¹⁵	¹⁶

18歳と19歳は，引き続き保護の対象とする一方，「特定少年」と位置づけ，家庭裁判所から検察官に逆送致する事件の対象を拡大し，起訴された場合には実名報道を可能としている。一方，改正案の付則には，施行から5年後に，社会情勢などの変化を踏まえて，18歳と19歳に関する制度の在り方を見直すことも盛り込まれている。（NHK NWES WEB　2021.2.19より）

実践コーナー3 バーチャル入社試験

1 働きたい会社を選ぶ。　　　　　　　　　　　　　　（　　　　　　　　）社

2 自分の気持ちを整理しよう。

選択理由

気になる(問題)点

3 履歴書を書いてみよう。

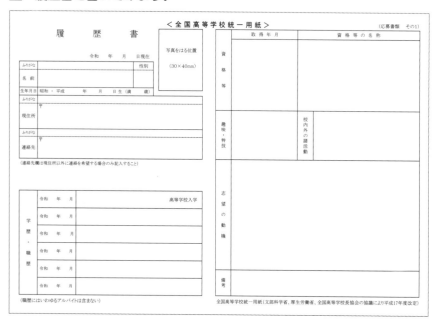

自己PR

入社後がんばりたいこと

5 採用者決定
- （　　　　　　　　）さんを採用
- 理由

4 履歴書と面接について評価しよう。

人＼評価	履歴書		面接	
	5段階評価	よかったこと・気になったこと	5段階評価	よかったこと・気になったこと
1	☆☆☆☆☆		☆☆☆☆☆	
2	☆☆☆☆☆		☆☆☆☆☆	
3	☆☆☆☆☆		☆☆☆☆☆	
4	☆☆☆☆☆		☆☆☆☆☆	
5	☆☆☆☆☆		☆☆☆☆☆	
6	☆☆☆☆☆		☆☆☆☆☆	

6 採用者および採用の理由を紹介しよう。

7 まとめ (気づいたこと, 考えたこと)

1　人が生まれてから死を迎えるまでの，その人がたどる人生の道のり。
1

2　人の一生を成長・発達の節目ごとに区分した段階（乳幼児期，学童期，青年期，成人・壮年期，高齢期）。
2

3　入学，卒業，就職，結婚，子どもの誕生，定年などのような，人生の節目となるできごと。
3

4　ライフステージにおいて直面するその段階の発達課題を乗りこえ，自分自身を大きく成長させていく人生のありよう。
4

5　人生における家庭生活や職業生活を総合的に見てとらえた，その人の経歴（キャリア）のこと。
5

6　計画から実行・振り返りを経て再び次のステップへと，繰り返し行動を続ける営み。
6

7　私たちが生活を営むうえで必要不可欠なもの。
7

8　報酬を伴う仕事。
8

9　報酬を伴わない仕事。
9

10　家事労働を企業のサービスなどを利用してまかなうこと。
10

11　男性が収入労働に携わり，女性は家庭で家事労働と育児を主として行う日本社会に古くからある慣習。
11

12　性別に伴う固定観念。
12

13　2015年制定。正式名称「女性の職業生活における活躍の推進に関する法律」。
13

14　「住居と生計を共にしている人々の集まり」または「一戸を構えて住んでいる単身者」など。
14

15　男女が婚姻届を出さないことを主体的に選択して共同生活を営むこと。
15

16　世帯を把握する最も大規模な調査で，5年に1回実施される。日本国内のすべての世帯が調査される。
16

17　配偶者やパートナーからの暴力の防止，および被害者の保護救済を目的として2001年に成立した法律。
17

18　新戸主がすべての財産権利を単独で相続する相続方法。
18

19　子や相手が著しく不利な状況に置かれない場合において，客観的に夫婦関係が破綻している時は離婚を認める。
19

20　遺言でも自由にできない財産の一定割合。配偶者，子，父母は保証され，兄弟姉妹にはない。
20

NOTE

第2章 子どもとかかわる

あなたはどのくらい，子どもについて知っているだろうか。

あなたの現状をチェックしてみよう。

		YES	NO
1	あなたは，子どもをかわいいと思う。	☐	☐
2	最近，子ども番組を見た。	☐	☐
3	妊娠の成立から出産までの日数を知っている。	☐	☐
4	自分の生まれた時のことを親に聞いたことがある。	☐	☐
5	赤ちゃんの世話をしたことがある。	☐	☐
6	保育所と幼稚園の違いを知っている。	☐	☐
7	最近，小学校低学年までの子どもと遊んだことがある。	☐	☐
8	仕事と育児を両立させるための法律を知っている。	☐	☐
9	日本の父親の育児参加の現状を知っている。	☐	☐
10	子どもの人権が侵害されている場面を見たことがある。	☐	☐

子どもの遊び

子どものころの遊びで最も思い出に残っているものは，どんな遊び？

NOTE

1 子どもの誕生

教 p.32～33

▶母子健康手帳にはどんなことが書かれているだろうか。書き出してみよう。

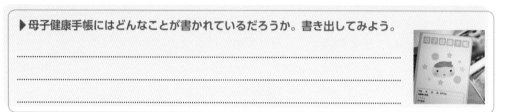

1 青年期の健康と子どもへの影響

教 p.32

★妊娠中に妊婦が気をつけなければならないことには，どのようなことがあるだろうか。

2 生命の芽ばえ

教 p.32～33

★女性のからだが成熟すると （¹　　　　　　　） が起こる。受精とは，卵子と精子が結合することで，受精卵が子宮内膜に （²　　　　　　　） すると妊娠が成立する。月経の停止や基礎体温の上昇など，妊娠の兆候がある場合は，必ず医師による妊娠の判定を受ける。

★1　胎児の成長と母体の変化についてまとめよう。

妊娠週数		胎児の成長	母体の変化
妊娠初期	8	脊髄・脳・心臓の基礎ができ， （³　　　　　　　）となる。	・月経がとまり，（⁵　　　　　　　）の症状が現れる。
	12	目・鼻・口・指が識別できる。	・（⁶　　　　　　　）しやすい時期である。
	15	（⁴　　　　　　　）の区別ができる。 人間の子どもらしくなる。	・15週ころには（⁷　　　　　　　）が完成し，つわりも弱まる。
妊娠中期	20	つめがはえる。（⁸　　　　　　　）が聞こえる。	・体調は回復し，母体は安定する時期である。
	24	まぶたが開く。（⁹　　　　　　　）がはえる。 （¹⁰　　　　　　　）が発達し，外音が聞こえる。	・（¹¹　　　　　　　）を感じるようになり，下腹部の膨らみが目立つようになる。
	27	顔の各部分がはっきりしてくる。	・27週ころになると胎動が強まる。
妊娠後期	32	皮膚の赤みが強くなる。 （¹²　　　　　　　）が完成する。	・下腹部が張り，痛みを感じるようになる。 ・（¹⁵　　　　　　　）が時々起こる。
	36	顔面・腹部の（¹³　　　　　　　）は消失する。 生まれても胎外での生活が可能となる。	・（¹⁶　　　　　　　）や尿たんぱくの症状が現れたり足や顔の（¹⁷　　　　　　　）が治まらない時は，医師に相談する。
	39	（¹⁴　　　　　　　）になる。	

NOTE

2 からだの発達

教 p.34〜35

▶次の文が正しければ○，間違っていれば×をつけよう。

❶（　　　）子どもは生まれてから6か月くらいで歩けるようになる。

❷（　　　）赤ちゃんの呼吸数・脈拍数は，大人に比べて多い。

❸（　　　）赤ちゃんの体温は大人より低い。

❹（　　　）赤ちゃんの成長・発達にはほとんど個人差がない。

1 新生児の特徴

教 p.34〜35

★（¹　　　　　　　　）期（生後4週まで）は，胎内から外界の新しい環境に適応していく時期である。子ども自らが呼吸や排せつ，栄養摂取を行うことになる。出生直後は，からだの機能が未熟なため，（²　　　　　　　　）や（³　　　　　　　　）などが起こるが，1〜2週間程度で自然に回復するので心配ない。

★1　次に説明する原始反射の種類を答えよう。

①手にふれるものをつかもうとする反射。……（⁴　　　　　　　　）

②口にふれるものに吸いつく反射。…………（⁵　　　　　　　　）

2 乳幼児期の特徴

教 p.34〜35

★（⁶　　　　　　　　）は，一生のなかでもからだの発育の割合が最も高く，（⁷　　　　　　　　）や（⁸　　　　　　　　）も発達する。この時期に各臓器のなかで最も早く発育するのは（⁹　　　　　　　　）である。

★★1　教科書p.35 ❻のグラフを見て，新生児と私たち成人との違いを考えよう。

睡眠リズムと年齢の関係

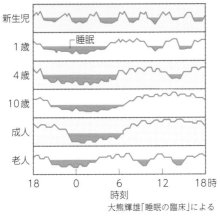

大熊輝雄「睡眠の臨床」による

★2　乳幼児の発育・発達についてまとめよう。

身長・体重	出生時の体重は，約(¹¹　　　　　　)g。1年で約(¹²　　　　　　)倍になる。 出生時の身長は，約(¹³　　　　　　)cm。1年で約(¹⁴　　　　　　)倍になる。 4歳になると体重は出生時の約(¹⁵　　　　　　)倍，身長は約(¹⁶　　　　　　)倍になる。
頭囲・胸囲	出生時は頭囲が胸囲より大きいが，数か月後には逆転する。
脳	出生時の脳の重さは約(¹⁷　　　　　　)gであるが，5～6歳で成人の約(¹⁸　　　　　　)%になる。脳の発達は(¹⁹　　　　　　)の発達，(²⁰　　　　　　)の発達などとも相互に関連しあっている。
骨格	乳幼児の胸部断面は(²¹　　　　　　)，ろっ骨は水平で(²²　　　　　　)であるが，胸部の変形と筋肉の発達により幼児の(²³　　　　　　)に変わる。したがって腹部を圧迫しない衣服の着せ方，おむつの当て方，おぶい方をする。
歯	乳歯は(²⁴　　　　　　)本で，生後(²⁵　　　　　　)か月ころからはえ始め，3歳ころまでにはえそろう。(²⁶　　　　　　)歳ころから永久歯に変わっていく。
免疫	乳児は生後3～4か月ころまでは母体からの(²⁷　　　　　　)で守られているが，それ以降は(²⁸　　　　　　)などにより後天的免疫を得るようにする。

NOTE

3 運動機能の発達と知的発達

教 p.36〜37

> ▶自分の赤ちゃんのころの話を周りの人に聞いてみよう。
>
> ....
>
> ....

1 運動機能の発達

教 p.36

★1　運動機能の発達の方向と順序について，（　　）にあてはまる言葉を答えよう。また，図には矢印を記入しよう。

・方向：(^{1}　　　　　　）から（^{2}　　　　　　），
　　　　（^{3}　　　　　　）部から（^{4}　　　　　　）部へ。

・順序：（^{5}　　　　　　）となった動きから，
　　　　各部分の（^{6}　　　　　　）動きへ。

★2　子どもの姿勢を記入してみよう。

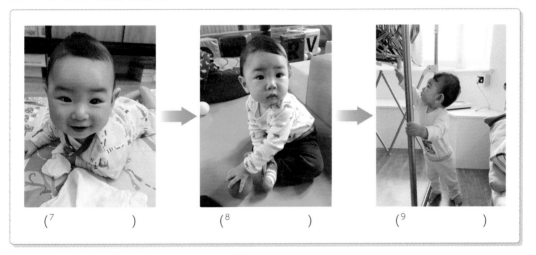

（^{7}　　　　　　）　　　　（^{8}　　　　　　）　　　　（^{9}　　　　　　）

2 知的発達

教 p.37

★子どもの認識は，（^{10}　　　　　　　　）や（^{11}　　　　　　　）の発達，（^{12}　　　　　　）や記憶の発達を伴い大きく変化する。9か月ころになると，手を使った（^{13}　　　　　　　）行動が多くみられる。（^{14}　　　　　）歳になるころには，歩けるようになり，自らの行動範囲も広げて積極的に試すようになる。2〜4歳ころの子どもは，頭のなかでイメージをつくるはたらきが活発になり，（^{15}　　　　　　　）遊びをするようになる。4〜7歳ころの子どもは，論理的判断より（^{16}　　　　　　）の判断が優勢である。

NOTE

教 p.38〜41

4 かかわりのなかの発達

▶次の文が正しければ○，間違っていれば×をつけよう。

❶（　　　　）生後間もない赤ちゃんに話しかけると，声を出したり，笑ったりする。

❷（　　　　）生まれて間もない赤ちゃんでも，味やにおいがわかる。

❸（　　　　）2歳の子どもに「イナイイナイバー」をするととても喜ぶ。

❹（　　　　）人見知りする子どもは情緒に問題がある。

1 情緒的なかかわりあい

教 p.38

★子どもと養育者との間に（¹　　　　　　）や（²　　　　　　　　）などのきずなが形成されることを（³　　　　　　　　　　　）（愛着）という。（3）の形成は「心の（⁴　　　　　　）」となり，子どもに（⁵　　　　　　　）な安定をもたらし，興味を持って積極的に行動するようになるなど，（⁶　　　　　　　　）の発達によい影響を与える。

2 社会性の発達

教 p.38〜39

★生理的微笑と社会的微笑の違いについてまとめよう。

生理的微笑：⁷ _____

社会的微笑：⁸ _____

★★★ 深ぼりWORK 成長のチャンスをとらえる

1 教科書p.39を見て，問題点と理由を考えよう。

自分の意見	隣の人やグループでの意見

2 どのように対応すればよいだろうか。

自分の意見	隣の人やグループでの意見

3 とっさに判断しなければならない場面は他にはないか，考えよう。

3 乳幼児期の発達のめやす

★乳幼児期の発達のめやすをまとめよう。

	(⁹　　　　)か月ころ	(¹⁰　　　　)か月ころ	(¹²　　　　)か月ころ	(¹⁴　　　　)か月ころ
身体の動き	・首がすわる	・寝返りをする	・ひとりで座る	・つかまり立ち
コミュニケーション	・ほほえみ返す ・あやすと声を出して笑う ・目が合う(アイコンタクト)	・(¹¹　　　　) (ブー, アーなど)の発生	・(¹³　　　　)をする ・好き嫌いをあらわす	・相手と同じことをして喜ぶ(イナイイナイバー) ・(¹⁵　　　　)関係が始まる(指さしができる)

	(¹⁶　　　　)か月ころ	(¹⁷　　　　)ころ	(²⁰　　　　)ころ
身体の動き	・伝い歩きをする	・ひとりで歩く, 走る	・ボールを蹴る
コミュニケーション	・親から離れると不安になる	・(¹⁸　　　　)が現れる ・だだこねが始まる ・(¹⁹　　　　)(パパ, ママ)を話す	・自分でやろうとする(²¹　　　　) ・二語文, 三語文を話す(ママ, カイシャ, イッタ)

	(²²　　　　)ころ	(²⁵　　　　)ころ	(²⁷　　　　)ころ
身体の動き	・三輪車に乗ることができる	・スキップができる	・ひとりなわとびができる
コミュニケーション	・(²³　　　　)に関心を示す ・(²⁴　　　　)遊びが発達する ・模倣期　言葉をさかんにまねる	・怒りやかんしゃくがほとんど抑制される ・ルール遊びが発達する ・だいたいの(²⁶　　　　)が話せる	・(²⁸　　　　)遊びや役割交代ができる ・年下の子や弱い子のめんどうを見る ・(²⁹　　　　)が消失する

31

教 p.42〜43

5 子どもの生活習慣と健康

▶次の文が正しければ○，間違っていれば×をつけよう。

❶（　　　）１〜４歳の子どもが死亡する不慮の事故で，一番多いのは交通事故である。

❷（　　　）子どもは成人に比べて病気の進行がはやい。

❸（　　　）わが国では予防接種は受けなくても大丈夫である。

❹（　　　）乳幼児は泣くのがあたりまえなので，泣き方の違いは気にしなくてもよい。

1 子どもの生活習慣

教 p.42

★★1　子どもに生活習慣を身につけさせるために心がけるべきことはどんなことか，まとめよう。

基本的生活習慣：1
....

....

社会的生活習慣：2
....

....

....

★2　次の各文は基本的生活習慣の自立のめやすである。それぞれ何歳か記入してみよう。

❶茶わんを持って飲む	❷スプーンで食べる	❸ひとりで脱いだり着たりしようとする	❹手を洗う
3　　歳	4　　歳	5　　歳	6　　歳
❺排便を知らせる	❻ひとりで寝起きする	❼ひとりでトイレへ行き，排尿する	❽ひとりで全部着る
7　　歳	8　　歳	9　　歳	10　　歳
❾はしを使うようになる	❿ひもをかた結びする	⓫くつ下・パンツをはく	⓬歯みがき・うがいをする
11　　歳	12　　歳	13　　歳	14　　歳

2 子どもの健康管理と安全

教 p.43

★★1　イラストを見て，子どもの事故の原因となりそうなものをあげ，その対策を考えよう。

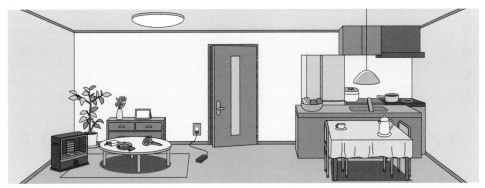

原因	対　　策

★★2　不慮の事故による子どもの死亡について調べてみよう。

子どもの事故（1〜4歳）

① 29.9
① 29.9
③ 19.6
その他 20.6

0　10　20　30　40%

注）2020〜2021年。子どもは1〜4歳。
　　総数107人。
厚生労働省「人口動態統計」による

●子どもの事故にはどのようなものがあるか。左のグラフの①〜③にあてはまるものを書こう。

① (　　　　　　　　　　　　　　　　　)

① (　　　　　　　　　　　　　　　　　)

③ (　　　　　　　　　　　　　　　　　)

●事故を防ぐためにどのようなことが必要か，あなたの考えをまとめよう。

NOTE

6 子どもの食生活・衣生活

教 p.44〜45

▶次の文が正しければ○，間違っていれば×をつけよう。

❶（　　　　）母乳では，母親と子どもとの間でスキンシップにより心理的交流が深まる。

❷（　　　　）子どもは，離乳食で食べ物の味や香り，かたさ，感触に慣れていく。

❸（　　　　）子どもの衣服は，流行やおしゃれを第一に考えたものがよい。

❹（　　　　）新陳代謝がさかんなので，衣服の素材は吸湿性・通気性のあるものを選ぶ。

1 子どもの食生活

教 p.44〜45

★乳汁栄養には，（1　　　　　　　　　）と育児用ミルクなどの（2　　　　　　　　　），その両方を取り入れた（3　　　　　　　　　）がある。分娩後数日間分泌される（4　　　　　　　　　）には，感染症予防の（5　　　　　　　　　）が多く含まれている。5か月ころになると消化・吸収機能が発達し，（6　　　　　　　　　）が可能になる。

★1　母乳の利点をまとめよう。

2 子どもの衣生活

教 p.45

★★乳幼児の衣服の選び方をまとめよう。

シンキングツール

Yチャート
3つの特性や視点を設定して，それにあてはまるものを書いていくことで，分類したり，多面的に考えたりできるようになろう。

材質・性質 7

手入れ 8　　　デザイン 9

NOTE

教 p.46〜47

7 子どもと遊び

▶子どものころ好きだった遊び，印象に残っている遊びに○をつけよう。

サッカー　　なわとび　　おにごっこ　　ドッジボール　　野球　　ブロック遊び

三輪車　　めんこ　　折り紙　　テレビゲーム　　粘土　　ままごと　　トランプ

すべり台　　ブランコ　　積み木　　その他（　　　　　　　　　　　　　　　　）

1 遊びの機能

教 p.46

★子どもにとっての遊びの機能を6つにまとめよう。

1	2	3
4	5	6

2 遊びの形態と種類

教 p.46〜47

★次のグラフの（　　）にあてはまる遊びの種類を記入しよう。

遊びの種類と発達

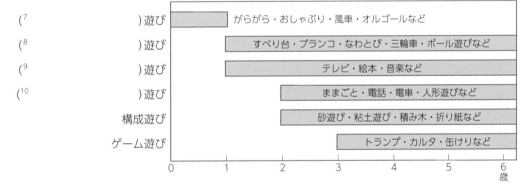

（7　　　　　）遊び　　がらがら・おしゃぶり・風車・オルゴールなど
（8　　　　　）遊び　　すべり台・ブランコ・なわとび・三輪車・ボール遊びなど
（9　　　　　）遊び　　テレビ・絵本・音楽など
（10　　　　　）遊び　　ままごと・電話・電車・人形遊びなど
構成遊び　　砂遊び・粘土遊び・積み木・折り紙など
ゲーム遊び　　トランプ・カルタ・缶けりなど

0　1　2　3　4　5　6　歳

3 遊びの今日的課題

教 p.47

★★★最近の子どもたちの遊びについて，どんな問題があるか考えよう。

NOTE

8 親になることを考えよう

教 p.48〜49

▶次の文が正しければ○，間違っていれば×をつけよう。

❶（　　）子育ては，主に母親の仕事である。

❷（　　）乳幼児期の子どもは何もわからないので，親が子どもに与える影響は少ない。

❸（　　）親は，子どもがひとりの人間として自立できるように支援する。

❹（　　）わが国では，父親が子どもと一緒に過ごす時間が少ない。

1 子どもを生み育てる意義

教 p.48

★★あなたの考える『子どもを生み育てる意義』とは何だろう。教科書p.48 ❶を参考に考えてみよう。

2 親子関係とパーソナリティの形成

教 p.49

★乳幼児の基本的欲求について線で結ぼう。

ジュースを飲みたい　外に行きたい ① ・　　　　　・ ア．承認欲求

抱っこをしてもらいたがる　弟をかわいがる ② ・　　　　　・ イ．独立欲求

友だちと一緒に遊びたい ③ ・　　　　　・ ウ．生理的欲求

粘土で動物をつくりたい ④ ・　　　　　・ エ．愛情欲求

ひとりで歩きたがる ⑤ ・　　　　　・ オ．成就欲求

歌を歌って得意がる　描いた絵を見せたがる ⑥ ・　　　　　・ カ．所属欲求

★★★ 深ぼりWORK これからの子育てを考える

1 母親はどのような気持ちだろうか。（　　　　　　　　　　　　　　　　　　　）

2 2歳の妹や4歳の兄はなぜ泣いているのだろう？（　　　　　　　　　　　　　　）

3 どのように対応すればよかっただろう。

自分の意見	隣の人やグループでの意見

4 家族や配偶者，周りの人などにできることはないだろうか？

自分の意見	隣の人やグループでの意見

5 母親と父親が逆の場合はどうだろう。

自分の意見	隣の人やグループでの意見

すこやかに育つ環境と支援 教 p.52～53

NOTE

▶**あてはまる項目に☑チェックしてみよう。**

☐ 保育所と幼稚園の違いを知っている。

☐ 仕事と育児を両立させるための法律を知っている。

☐ 日本の育児参加の現状を知っている。

☐ 子どもにとって，集団保育の場は，人とかかわりながら成長していく大変有意義なものであることを知っている。

1　子育てしながら働くことができる社会環境　　教 p.52～53

★日本において，2021年の出生数は，約（¹　　　　　　）万人で，合計特殊出生率は（²　　　　　　）である。（³　　　　　　）世帯が増加するなか，（⁴　　　　　　）を問わず子育てに参加できる社会的な環境が望まれているが，男性の（⁵　　　　　　）が低いなどの問題がある。

2　家庭・地域・園で育つ　　教 p.53

★それぞれの違いをまとめよう。

施　設	性　格	対象者	年　齢	保育者	法　律
保育所	6	7	8	9	10
幼稚園	11	12	13	14	15
認定こども園	16	17	18	19	20

3　子育てをめぐる社会的支援　　教 p.53

★★子育てを支援する取り組みにはどんなものがあるだろうか，調べてみよう。

10 子どもを守る法律・制度

教 p.54〜55

▶次の文が正しければ○，間違っていれば×をつけよう。

❶（　　　）子どもを無視することは虐待ではない。

❷（　　　）児童虐待を防ぐには，社会全体でのサポートが必要である。

❸（　　　）虐待されていると思われる子どもを見つけたら，児童相談所などへ通告する義務がある。

❹（　　　）しつけであれば子どもに暴力を振るってもよい。

1 子どもの権利とその歩み

教 p.54

★子どもの権利を守る取り組みについてまとめよう。

名　　称	制定年	具体的内容
1	1924年	戦争は，社会的弱者としての子どもたちの生命や人権を奪い，大きな犠牲を強いた。この反省をもとに宣言された。
2	1989年	子どもを自ら権利を行使する主体としてとらえた条約。子どもの利益を子ども自身が決定して，追求することを保障した。

2 子どもの福祉

教 p.55

★日本でも，1947年には（³　　　　　　　　　），1951年には（⁴　　　　　　　　）が制定され，これらの理念を実現するために，（⁵　　　　　　　　）・（⁶　　　　　　　　）・（⁷　　　　　　　　）・（⁸　　　　　　　　）の４つの活動を大きな柱とするさまざまな施設や機関が設けられ，多様な活動が展開されている。

★★1　児童虐待について次の問いに答えよう。

右のグラフによると，対応件数が10,000件をこえたのは（⁹　　　　　　）年以降からである。

児童虐待の原因としては，どのようなことが考えられているだろうか。

10

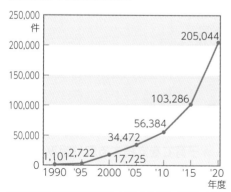

児童虐待の相談対応件数

205,044
103,286
56,384
34,472
17,725
1,101 2,722

注）2010年の相談対応件数は，東日本大震災の影響により，福島県を除いて集計した数値。

厚生労働省「福祉行政報告例」による

実践コーナー1　子どもとふれあってみよう

実習レポート

日時	月　　　日　　曜日　　：　　〜　　：
場所	

活動の内容

保育士さんの様子

全体を通しての感想

自己評価	◎ ○ △
①体調・健康管理は十分だったか。	
②「あいさつ」や「返事」は気持ちよくできたか。	
③子どもたちや園の人たちと接するとき，いつも笑顔でいられたか。	
④ていねいな正しい言葉遣いで話すことができたか。	
⑤「保育の仕事」を理解することができたか。	
⑥子どもの発達の実際にふれ，さらに理解を深めることができたか。	
⑦子ども一人ひとりとていねいにかかわることができたか。	
⑧子ども集団との接し方などを学ぶことができたか。	

実践コーナー2　ロールプレイングで保護者の言葉かけについて考えよう

Scene 1	お菓子売り場で，お菓子をたくさん欲しがっている…一つなら買ってもいい	
	自分が考える言葉かけ	ペアワークやグループワークで出た言葉かけ
言葉かけA		
言葉かけB		

Scene 2	電車で騒いでいる…静かにさせたい	
	自分が考える言葉かけ	ペアワークやグループワークで出た言葉かけ
言葉かけA		
言葉かけB		

Scene 3	なかなかかたづけができない…かたづけてからおやつにしたい	
	自分が考える言葉かけ	ペアワークやグループワークで出た言葉かけ
言葉かけA		
言葉かけB		

感想(それぞれの立場に立ってロールプレイングしてみて感じたことを記入しよう)

実践コーナー3　地域の子育て施設や取り組みを調べてみよう

地域の保育サービスや子育て支援，育児サポート，取り組みについてまとめてみよう

調べた地域名（市区町村）	

施設名・サービス名	具体的な内容（機能・役割・サービスなど）

調べて気づいたことなど，感想をまとめよう。

41

1　妊娠を保健所や市役所に届けると交付されるもの。　　　　　　　　　　　1

2　生後4週までの，体内から外界の新しい環境に適応していく時期。　　　　2

3　生後6か月ころからはえ始め，3歳ころまでにははえそろう20本の歯。　3

4　子どもと養育者との間に愛情や信頼感などのきずなが形成されること。　4

5　生まれてまもない赤ちゃんの筋肉がゆるんで笑っているように見えるほほえみ。　5

6　3か月ころから人の顔を見てほほ笑み返すこと。　　　　　　　　　　　6

7　2歳ころから見られる，自我がさらに発達し，自己主張が増し反抗的になる時期。　7

8　生後4～5か月ころから見られる，バーバー，バブーといった乳幼児特有の言葉。　8

9　食事・睡眠などの，小学校入学前ころには形成される習慣。　　　　　　9

10　挨拶をする，順番や約束を守るといった社会生活を営むために必要とされる習慣。　10

11　分娩後数日間分泌される母乳。　　　　　　　　　　　　　　　　　　11

12　血液中に含まれる，ウイルスや細菌から身を守る抗体。　　　　　　　12

13　乳汁から幼児食へ移行する過程。　　　　　　　　　　　　　　　　　13

14　他の子どもの遊びには入らないが，関心を持って他の子どもの遊びをじっと見る遊び。　14

15　それぞれの遊びをするが他の子どもと共にいる遊び。　　　　　　　　15

16　一人の女性が15歳から49歳までに生む子どもの数の平均。　　　　　16

17　保育所と幼稚園の両方の機能を備えた施設。　　　　　　　　　　　　17

18　1989年に子どもの権利をいっそう保障し，実効あるものとするために国連総会で採択された条約。　18

19　すべての子どもが，心身共に健康で幸せに暮らしていけるように支援する活動。　19

20　18歳未満の者に対して保護者が行う4つの虐待。　　　　　　　　　　20

第3章 高齢者とかかわる

第4章 社会とかかわる

50年後の未来を想像してみよう。あなたはどこでだれと暮らし，毎日を楽しんでいるだろうか？　人との交流や収入は？　だれもが安心して充実した生活が送れる社会だろうか？

未来の生活は，現在の私たちの生活の延長線上にあります。現在の私たちの生活課題と社会のあり方を，よりよい未来にするために考えてみよう。

CHECK POINT

		YES	NO
1	「高齢社会」の問題は，今の私たちに直接関係のある問題だと思う。	☐	☐
2	今までに高齢者とふれあう経験があった。	☐	☐
3	親の老後のことをイメージしたことがある。	☐	☐
4	「介護保険制度」という言葉を聞いたことがある。	☐	☐
5	高齢者施設を訪問したことがある。	☐	☐
6	「福祉」の意味を説明できる。	☐	☐
7	自分の生活にかかわる社会福祉制度を1つ以上あげられる。	☐	☐
8	何のために「社会保障」があるか，説明できる。	☐	☐
9	ボランティア活動に参加したことがある。	☐	☐
10	自分の行動は社会につながっていると感じることがある。	☐	☐

高齢者とのふれあい

高齢者とのふれあいの思い出のなかで，印象に残っていることをあげてみよう。
（経験がない人は，高齢者に聞いてみたいことをあげてみよう。）

1 高齢社会に生きる

教 p.60～61

> ▶今までに，高齢者から教えてもらったことや，してもらったことに○をつけよう（ふれあった経験がない人は，教えてくれそうだと思うものに○）。
>
> （　　）食べ方や話し方などのマナー　　（　　）植物や動物など自然のこと　　（　　）昔話
>
> （　　）遊びや本の読み聞かせ　　　　　（　　）高齢者自身の職業や生き方のこと
>
> （　　）料理や掃除など生活の知恵　　　その他（　　　　　　　　　　　　　　　　）

1　進む高齢社会

教 p.60～61

★★**高齢化の状況を確認しよう。**

　総人口に占める（^{1}　　　　　）歳以上の人口割合を高齢化率という。　　この時私は
日本の高齢化率の推移をグラフにすると，次のようになる。　　　　　　　　（　　）歳

1970 年	1994 年	2020 年	2065 年
(^{2}　　) 社会	(^{3}　　) 社会		
(^{4}　　) %	(^{5}　　) %	(^{6}　　) %	(^{7}　　) %

■は65歳以上の人口

　人口の高齢化は65歳以上人口の増加と，（^{8}　　　　　　　）による若年人口の減少により生じており世界的な傾向だが，その進み方は国によって異なる。

　高齢者のいる世帯のうち，単独世帯は（^{9}　　　　　）％，夫婦のみの世帯は（^{10}　　　　）％である。何か困った時には手助けが必要となる。

2　高齢者とかかわる

教 p.61

★（^{11}　　　　　　　　）…健康上の問題で日常生活が制限されることなく生活できる期間。平均寿命と（11）の差は，男性（^{12}　　　　　）年，女性（^{13}　　　　　）年。平均寿命と（11）の差を（^{14}　　　　）することが望ましい。

★★**あなたが高齢者とかかわる時，何と呼びかけたらよいだろうか？　その理由と共に書こう。**

15

2 高齢者を知る

教 p.63〜64

> ▶身近な人や芸能人，著名人のなかから，あなたが「高齢者」だと思う人を5人あげてみよう。
> 次にその人たちの年齢を調べてみよう。

1 高齢者の心身の変化

教 p.62

★★1 加齢に伴う変化を，さまざまな観点で考えてみよう。

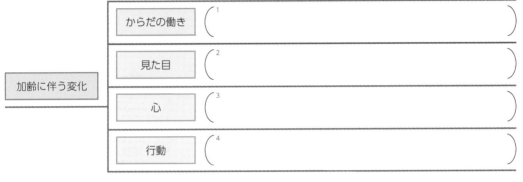

★★2 1のような変化は，全員に同じタイミングで起こり，進行するのだろうか？

（　全員同じ　・　全員同じではない　）

★★3 右のグラフからわかることをまとめよう。

高齢期の知的能力の特徴

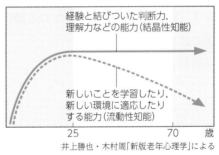

井上勝也・木村周「新版老年心理学」による

2 高齢者の生活

教 p.63

★高齢者の生活について正しいものには〇，間違っているものには×をつけよう。

①79歳までは50%以上の高齢者が「夫婦のみ」または「単独」で生活している。（　　　）

②健康であっても，高齢期に働きたいと思っている人はいない。（　　　）

③自治会など，地域に密着した活動では高齢者が中心的な役割を果たしている。（　　　）

④高齢者の所得のうち，最も割合が大きいのは公的年金・恩給である。（　　　）

⑤高齢者のグループ活動への参加状況で，最も参加経験が高いのは「健康・ス
ポーツ」に関する活動である。（　　　）

シンキングツール

くま手チャート

1つのテーマについて，複数の視点・観点を設定し，それぞれ細かく考えていくことで，多角的にものごとをとらえられるようになる。

NOTE

3 高齢者のサポートと介護の心

教 p.64〜65

▶あなたが住む町の地域包括支援センターについて調べてみよう。

＊名称　　　　　　　　　＊業務内容

＊場所

1 高齢者の生活の課題

教 p.64〜65

★次の説明と適する語句を結ぼう。

加齢に伴う筋力低下による身体機能の低下，日常生活動作の困難状況の増加。①・

認知症を引き起こす病気の一つ。②・

高齢者が要介護の高齢者を介護すること。夫婦や親族間に多い。③・

認知症の家族同士が介護している状態。④・

・ア 老老介護
・イ ロコモティブシンドローム
・ウ 認認介護
・エ アルツハイマー病

2 高齢者の生活を支える介護　3 介護の心

教 p.64〜65

★1 要介護の高齢者にかかわる時の心得をまとめよう。

①これまでどおりの（¹　　　）が続けられること。

②高齢者自身の（²　　　）が反映され，自立的，（³　　　）的に過ごせること。高齢者の望み（ニーズ）を知る方法として（⁴　　　）と（⁵　　　）が大切。

③若い時からの介護予防の知識や方法を，（⁷　　　）センターや地域の人たちや家族が学習し理解を深めておくこと。

これらにより，高齢者は（⁶　　　）（QOL）を高め，精神的に豊かな毎日を過ごすことができる。

★★2 次の（　）にあてはまる言葉として正しいほうに○をつけよう。

　私たちが介護を通して配慮すべきことは，（⁸　現状を維持し・完全な治癒や回復を目的とし　），高齢者の心身の状況を（⁹　介護者だけが把握する・お互いに分かちあい共感する　）ことである。そして，どのような介護や手助けを求めているのか，（¹⁰　介護者主体で可能なことを考える・高齢者自身の意思を察知する　）ことである。特に重要なことは，介護される高齢者も介護する者も，**対等な関係**にある，ということを認識することである。

4 高齢社会を支えるしくみ

教 p.68〜69

▶自分の祖父母や親がひとりでは生活が困難な高齢者となった時をイメージして○をつけよう。

❶あなたはどのように行動しますか。

（　　）一緒に暮らして可能な限り自分が介護する　（　　）サポートしてくれる人を探す

（　　）施設に入所する手続きをする　　　　　その他（　　　　　　　　　　　　）

❷だれに（どの機関に）相談すればよいか知っている。（　　）Yes　（　　）No

1　介護保険制度

教 p.68

★制度を利用する場合の流れについてまとめよう。

（¹　　　　　）歳以上の人は，保険料を納め被保険者となる。

```
介護申請
  ↓
認定審査
  ↓
 認定
```

……… どこに申請？　（²　　　　　）の窓口。

……… 認定方法は？　チェックリスト，認定調査員による聞き取りと医師による意見書を参考に認定される。

```
認定非該当 → 介護予防プログラム参加
要支援1・2 → （³　　　　　）
要介護1〜5 → （⁴　　　　　）
```

みんな同じサービス？　認定レベルを考慮し，利用者本人の希望に合わせてケアプランを作成する。

・要支援の場合は（⁵　　　　），

・要介護の場合は（⁶　　　　）が手助けする

利用料は？　（⁷　　　　）割を利用者が負担する。

ア．1〜3　　イ．5　　ウ．20　　エ．40　　オ．65　　カ．市区町村　　キ．介護サービスの利用

ク．ケアマネジャー　　ケ．地域包括支援センター　　コ．介護予防サービスの利用

2　これからの介護と課題

教 p.69

★★介護保険制度を持続するために必要なことについて，関係の深い記号を選ぼう。

①これまでの暮らしを保てるような生活環境と，高齢者の社会参加が必要である。（　　　）

②人手不足が続いており，介護ロボットが開発されている。　　　　　　　　（　　　）

③介護をする家族の負担が大きく，心身の健康を損なったり，離職したりする人も多い。　　　　　　　　　　　　　　　（　　　）

④住み慣れた町で自立して生活するために，医療や介護，介護予防，住まいなど，必要な支援を地域のなかでまとめて提供する。

　　　　　　　　　　　　　　　　　　　　　　　　（　　　）

ア．介護者への支援　　イ．介護予防　　ウ．地域包括ケアシステム　　エ．介護職の確保

★★★ 深ぼり **WORK** 在宅で暮らす? 施設で暮らす?

1 教科書p.69 **4** のグラフから,読み取れることをまとめよう。

4 身体機能が低下した場合の住宅　→★住生活 p.168

	現在のまま,自宅にとどまりたい	改築の上,自宅にとどまりたい	子どもの住宅へ引っ越したい	高齢者用住宅へ引っ越したい	老人ホームへ入居したい	病院に入院したい	その他	無回答
日本	37.5	21.6	0.7	13.0	14.6	4.4	5.6	2.6
ドイツ	40.2		30.0	3.9	17.1	3.1	4.6	1.2
スウェーデン	21.2		48.4	1.0/0.7	17.2	0.1	8.7	2.6

0　　20　　40　　60　　80　　100%

「第9回高齢者の生活と意識に関する国際比較調査結果(2020年度)」による

2 **5** の(　　)に適する語句を考えよう。

Ⓐ (　　　　　　　　　　　　　)
Ⓑ (　　　　　　　　　　　　　)
Ⓒ (　　　　　　　　　　　　　)
Ⓓ (　　　　　　　　　　　　　)

6 事例

　80歳になる祖母は,祖父が亡くなってから約10年,ひとりで生活してきた。最近は体力も衰え,ひとり暮らしの心細さを話すようになった。しかし,家を離れたくないし,家族にも迷惑をかけたくないという気持ちもあるよう。私の両親もすぐに解決すべきことではないため,対応を後回しにしている。

3 **6** の事例について,あなたならどのように声をかけるだろう?

5 高齢者の生活

　はメリット　　　はデメリット

　は改善案

在 宅	施 設
自由な生活	安心
(Ⓐ　　)な決定と行動	すぐに助けてもらえる
不安	意欲の消失
家族に介護の負担がかかる	(Ⓑ　　)の進行や病気の悪化
↓	↓
(Ⓒ　　)の保証 ●緊急時通報システム ●日常的な安否確認 ●話し相手 ●住宅のバリアフリー化	(Ⓓ　　)生活に近づける工夫 ●本人の希望の尊重
サービスの充実	個別ケア ●介護者とのマッチング

共に生きるために

教 p.70〜71

▶身の回りではピクトグラムはどこにあるだろうか。

....

....

1 福祉とは

教 p.70

★「福祉」という言葉の意味は，すべての人が（1　　　　　　）として（2　　　　　　　　）に暮らしている状態をさしている。子どもも大人も高齢者も，多様な性の人も，障がい者も，みな（3　　　　　　　）されることなく，自分の生活や人生の主人公になれるよう互いに（4　　　　　　）しようというのが福祉の考え方である。

2 自分らしく生きる・支えあって生きる

教 p.71

★インクルージョンとは，（5　　　　　　　）しないで包み込むという考え方。ソーシャル・インクルージョンとは，家庭や地域，企業の（6　　　　　　）が失われ，社会から疎遠になり「（7　　　　　　）」する人が急増するなかで，一人ひとりの相談にのり，教育や（8　　　　　）機会，住まいや居場所の確保など社会への（9　　　　　　　）を保障すること。

★★★ 1　教科書p.71のCOLUMNを読んでまとめよう。

① 筆者は障がいとは何だと感じているだろうか。

　　障がいとは（10　　　　　　　　　）がつくりだすもの。

4.5cmと60cmを手で
あらわしてみよう。

② あなたのまわりにある障がいにはどのようなものがあるか，語群を参考に考えてみよう。

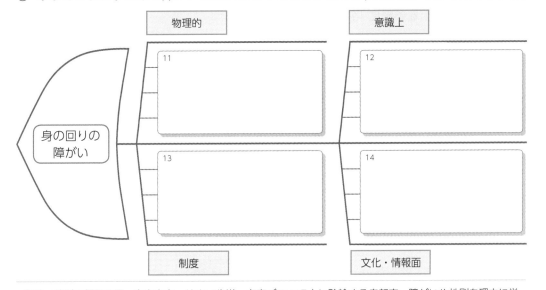

段差　差別や偏見の目　音声案内　せまい歩道　点字ブロック上に駐輪する自転車　障がいや性別を理由に学校や就職試験の受験ができない　宗教上の違いを考慮していない　手すりがない　手話通訳や文字情報がない

NOTE

シンキングツール

フィッシュボーン
頭にテーマを設定し，中骨に要因や観点を示し，小骨として具体的なことがらを書くことで，テーマについて分析できるようになろう。

社会保障制度の基盤，憲法第25条の「健康で文化的な最低限度の生活」を送るために，あなたの生活になければ困るものは何だろう（モノ，空間，時間など広く考えてみよう）。

1 社会保障制度とは

★社会保障制度は，国民がすこやかで（1　　　　　）できる生活を目的とし，国民みんなで（2　　　　　）制度である。（3　　　　　）から死ぬまでの個人の一生のできごと（ライフイベント）と生活を想定してつくられている。

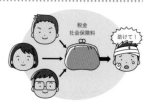

社会保障制度の３つの機能

生活安定・向上機能‥‥起こりうる（4　　　　　）に備える機能
所得再分配機能‥‥（5　　　　　）の多い人が低所得の人を支える機能
経済安定機能‥‥所得保障により（6　　　　　）を維持・拡大する機能

　これまでの制度では対応しきれない状況を打開するため，国民の労働市場，地域社会，家庭への参加を保障する（7　　　　　）社会保障を提唱するようになった。また，これまで高齢者を主な対象としていたが，子育て世代などの支援も実施する（8　　　　　）の社会保障をめざしている。

★1　教科書p.71を参考に「公助」の意味を書こう。

9

★★2　教科書p.73 ❷の表を参考に，次の状況の時どの制度が使えるか，それは４分野のうちどれにあたるか，線で結んでみよう。

会社が倒産し，失業した ①・　・ア 妊婦健診　　　　・　　・a 保険・医療
定年退職後，収入がない ②・　・イ 遺族年金
祖父が要介護になった ③・　・ウ 雇用保険　　　　　　　　・b 社会福祉など
胎児の健康状態が心配 ④・　・エ 医療保険
一家の働き手が亡くなった ⑤・　・オ 老齢年金　　　　　　　　・c 所得保障
病気で入院した ⑥・　・カ 児童福祉（保育所）・
仕事中，子どもを預けたい ⑦・　・キ 介護保険　　　　　　　　・d 雇用

3 社会の一員としての私たちの役割　−互助・共助−

教 p.74〜75

▶あなたが経験したことがあるものに〇をつけよう。

❶（　　　）地域の子ども会や町内会の行事やお祭りに参加したことがある。

❷（　　　）ボランティア活動に参加したことがある。

❸（　　　）「この地域にずっと住みたい！」と思ったことがある。

1 地域で支えあう暮らし

教 p.74

★1　教科書p.71を参考に，語句の意味を書こう。

互助…(¹　　　　　　　　　　　)　　共助…(²　　　　　　　　　　　　　　　)

★★★2　個人では解決できない課題に対して，どのように支えあうことができるだろうか。地域の防災・減災・被災後など，テーマを決めて考えてみよう。

自助	互助	共助
³	⁴	⁵

2 ボランティア活動

教 p.75

★★1　ボランティア活動の3つの特徴についてあてはまるものを選び，記号で答えよう。

①他から強制されるのではなく自分から進んで行う。3つのうち最も大事。　（　　　）

②課題解決のために多くの人と協力し学びあって行動する。　（　　　）

③経済的な報酬ではなく，お金では得られない出会いや発見を得る。　（　　　）

④みんなのために，何が必要かを考えて新たにつくり出していく。　（　　　）

ア．無償性　　イ．社会性・公益性　　ウ．自発性

★★★2　あなたが住む地域のNPOを調べ，そのNPOについて，どんなところに興味を持ったのか3つ書こう。

NOTE

シンキングツール

座標軸
ものごとを2つの軸・観点で整理してみよう。

★★★ 深ぼりＷＯＲＫ ボランティアと私

1 現在のあなたの考えを示そう。「ボランティアの必要性」と「自分の意欲」はどの程度だろうか。自分の位置を右の図に示そう。この位置と考える理由を書こう。

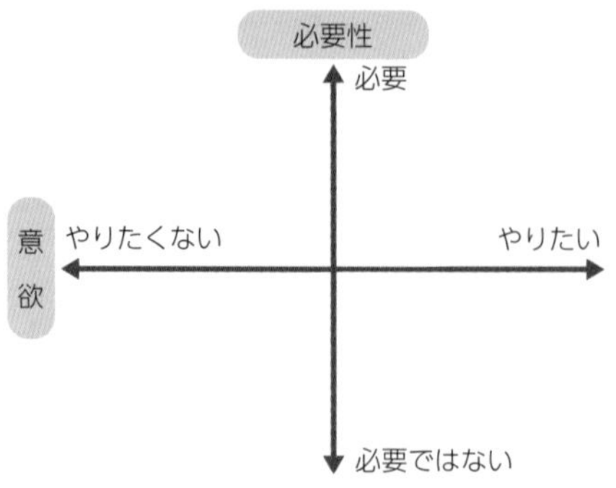

必要性
必要

意欲　やりたくない　　　　　やりたい

必要ではない

2 グループで討論し、考えを深めよう。

役割分担　司会（　　　　　　）　記録（　　　　　　）　発表（　　　　　　）
議論を視覚化するために発表用シートに記録する。
議論テーマの決定⇒（　　　　　　　　　　　　　　　　　　　　　）
メモ

3 グループ別発表

「なるほど！」「意外！」「疑問」と思ったことなどをメモ

4 あなたの考えは学習前後でどう変化したか？ 上の図に別の色で示し、考えの変化や深まりについて理由と共にまとめよう。

変わったこと　　　　　　　　　　　　　　　　変わらなかったこと

実践コーナー1　みんなで支えよう　―認知症―

認知症の人を支えるために　―ロールプレイで考えてみよう―

＊認知症の人への対応（教科書p.76）とユマニチュード（教科書p.65）の技法を取り入れてロールプレイしよう！　ユマニチュードは「**あなたのことを大切に思っている**」という気持ちを，相手が理解しやすいように伝える技術です。「見る」「話す」「触れる」「立つ」の4つの柱のうち「見る」「話す」の技術では**どのように気を配ったら，相手に優しい気持ちを届けられるか**，具体的に考えよう。

1　本人の（Ⓐ　　　　　　　　）を理解して接しよう。

教科書の会話　➡	Let's try　不安を和らげる対応をしよう。
認知症のAさん：「ごはんまだ？」 家族のCさん：「え!? お昼食べましたよ」 Aさん：「いや〜まだだよ，早くしてくれ」 Cさん：「もう3時ですよ！ 食べたの忘れたんですか!!」 Aさん：「食べさせない気か!!」 Cさん：「夕飯まで待ってください!!」	Aさん：「ごはんまだ？」 Cさん： Aさん：「いや〜まだだよ，早くしてくれ」 Cさん： Aさん：「食べさせない気か」 Cさん：

＊言葉かけやかかわりの変化によって，Aさんの気持ちはどのように変化しましたか？

2　本人の（Ⓑ　　　　　　　）を大事にして，（Ⓒ　　　　　　　　　　　）しながら，お手伝いしよう。

教科書の会話　➡	Let's try　穏やかに前向きな言葉で話そう。
認知症のBさん：「私もお料理するよ？」 家族のDさん：「え？ 危ないからいいわよ」 Bさん：「何を！ 危ないっていうの!!」 Dさん：「火も包丁も危ないから向こうで待っててください」 Bさん：「何もできないっていうのか！」 Dさん：「料理はいいですから待っててください！」	Bさん：「私もお料理するよ？」 Dさん： Bさん：「何からしようかね？」 Dさん： Bさん：「これでいいかい？」 Dさん：

3　ロールプレイを通して感じたことや考えたことをまとめよう。

実践コーナー **2**　高齢期を考える

1　あなたの50年後を考えてみよう。

西暦（　　　　　）年　私は（　　　　　）歳になった！

どんな生活をしていたいか，具体的に考えよう。

| 家族は？ | 友だちは？ | 趣味は？ |

| 仕事は？ | 生きがいは？ |

60年後は
どうかな？

2　**1**の項目の他には，どんなことを考えておきたいだろうか？　今のあなたが考える理想の高齢者の姿を書いてみよう。

ヒント：生活費・生活の場・持ち物・健康状態・社会活動など

3　高齢者の心身の状態には個人差がある。理想の高齢者になるために，今からしておきたいことを書いてみよう。教科書p.78の 資料1 ・ 資料2 を見て，高齢者の不安や反省を参考にしよう。

今の自分の延長線上に未来の自分があります。あなたの口腔機能の状態は大丈夫？

　口腔機能が衰えると，話すことが減るだけでなく，栄養状態の悪化で筋肉がやせ，体力が低下して外に出かけることも少なくなってしまいます。つまり歯や口の働きは，「社会とつながる」ための重要な役割を担っていることがわかります。高齢者が「社会とのつながり」を失うと，まるでドミノ倒しのように心身の活力が弱まり，要介護になっていくことが明らかになってきました。
　　　　　　　　　　　　　　　　　　　　　　　　サンスター Webページによる

実践コーナー3　高齢者から学ぶ　地域から学ぶ

高齢者から学ぼう　〜ジグソー法を使って〜

★★★高齢者の価値観は私たちとどのように違うのだろうか？

1 インタビュー（教科書p.79 の A〜E の項目について，身近な高齢者にインタビューする。）

A	B
C	D
E	その他

2 発表グループの活動　　グループのメンバーから聞いたことをメモ

3 項目別グループの活動　　私は（　　　）について話しあうグループ

❶メンバーからの情報をメモ	❷現代の高校生との違いについて
❸高齢者の価値観（何を大切に考えているか）を想像する。	

4 発表グループの活動（まとめ）発表後，各自でまとめよう

メモ	高齢者の価値観は私たちとどのように違うのか。

1　総人口に占める65歳以上の人口割合。 ……………………………………… 1

2　健康上の問題で日常生活が制限されることなく生活できる期間。 ……… 2

3　加齢の影響を受けにくく，経験と結びついた判断力や理解力などの知能。 … 3

4　加齢とは異なり，遺伝や生活環境などの影響により，進行速度に個人差がある，さまざまな変化。 …… 4

5　高齢者が働くことを通して生きがいを得るとともに，地域社会の活性化に貢献する組織。 …… 5

6　高齢者が介護が必要な高齢者を介護すること。 ………………………… 6

7　認知症の家族同士が介護すること。 …………………………………… 7

8　経済的にも精神的にも質の高い豊かな生活。 ………………………… 8

9　介護や虐待など幅広い生活問題について，地域住民からの相談に包括的に応じる機関。 …… 9

10　脳のはたらきの不都合から生じる記憶障害や不安などの心理症状を伴う状態。 …… 10

11　本来大人が担うようなケアの責任を引き受け，家事や家族の世話などを日常的に行っている子どものこと。 …… 11

12　介護を家族だけではなく社会全体で支えるしくみとして，個々が必要なサービスを計画的に利用できる制度。 …… 12

13　「幸せ」を意味する言葉で，すべての人が人間として幸せに暮らしている状態をめざして保障すること。 …… 13

14　困難な問題に対して，まずは自分自身が考え，行動して，問題の解決をはかるよう努めること。 …… 14

15　すべての人々を排除しないで，社会の構成員として包み支えあうという考え方。 …… 15

16　すべての国民のすこやかで安心できる生活を保障するために保健・医療，社会福祉などを国民みんなで支えあう制度。 …… 16

17　公的年金のうち，20歳からすべての人が加入し，老齢，障がいなどのリスクに対する備えとして保険料を支払うもの。 …… 17

18　社会保障制度のうち，中学校修了前（15歳到達後最初の3月31日）の子どもの養育者に支給される手当（所得制限あり）。 …… 18

19　NGOと並んで，さまざまな社会貢献活動を非営利で継続的に行う民間団体。 …… 19

20　自発的に地域活動や公共性の高い活動へ参加する人やその活動のこと。 …… 20

NOTE

第5章 食生活をつくる

昨日は何を食べたのか思い出して，絵や言葉でまとめてみよう。

そのメニューには，どんな食材が使われていたかな？

CHECK POINT

　月　　日　曜日　　食事記録

朝　食	昼　食
時　　分ごろ どこで（　　　　　　）・だれと（　　　　　）	時　　分ごろ どこで（　　　　　　）・だれと（　　　　　）

夕　食	間　食
時　　分ごろ どこで（　　　　　　）・だれと（　　　　　）	時　　分ごろ　　　　　時　　分ごろ どこで（　　　　）　どこで（　　　　） だれと（　　　　）　だれと（　　　　）

食事を見直す

自分の食事の問題点は何だろう。上記の記録から，
気づいたことをまとめてみよう。

NOTE

1 私たちの食生活と健康

教 p.80〜81

> ▶自分の食生活状況をチェックしてみよう。
> ❶毎日の食事時間や食事の量は決まっている。…………………………… YES ・ NO
> ❷食事中に携帯電話を使用しない。………………………………………… YES ・ NO
> ❸高校生は生活習慣病に関係ないと思う。………………………………… YES ・ NO

1 食べることと健康のかかわり

教 p.80〜81

★朝食欠食は（¹　　　　　　　）代で高くなっている。1日3食がおろそかになると，
（²　　　　　　　）が多くなり，栄養のアンバランス，（³　　　　　　　）の過剰摂取につ
ながり，（⁴　　　　　　　）を招く恐れがある。また，教科書p.80 ❷のグラフについ
て，2019年の数値を見ると，BMI18.5未満の割合は15〜19歳の場合，男子（⁵
　　　　　）％，女子（⁶　　　　　　　）％であることが読み取れる。

★★★1　自分のBMIを計算して，自分の体格について「やせ」「普通」「肥満」の判定をし
て○をつけよう。また，自分の適正な体重も計算してみよう。

$$BMI = \frac{体重(kg)}{身長(m) \times 身長(m)} = \frac{(\qquad)kg}{(\qquad)m \times (\qquad)m}$$

BMI（　　　　）

・体格の判定
　（　）やせ（18.5未満）　（　）普通（18.5〜25未満）　（　）肥満（25以上）
・適正な体重（算出方法の式のBMIに「22」を代入して求める）
　計算式（　　　　　　　　　　　　　　　　　　）　適正な体重（　　　　）kg

★★2　エネルギー不足による不調にはどのようなものがあるか，本文から抜き出そう。

> ⁷
>
>
>
>

★生活習慣病とは，（⁸　　　　　　　）な生活，（⁹　　　　　　　）不足，（¹⁰
　　　　　）にアンバランスな食生活などが要因で起こる心臓病・高血圧症・（¹¹
　　　　　）・癌・（¹²　　　　　　　）異常症などの病気の総称である。この前段階を（¹³
　　　　　　　）といい，内臓脂肪が多く各病気につながりやすい状態を
さす。生活習慣は子どものころのものが成人になっても大きく関連するといわれるので，
今から注意しよう。

2 食生活の変化と問題点

教 p.81

★★★1　自分の食の外部化の割合がどの程度か計算してみよう。

算出方法：1週間の外部化された食事の回数÷1週間の食事回数（間食も含む）×100（％）
（中食，外食以外にもデリバリーや半調理済み食品など，自分や家族以外の調理は外部化，
食べたものの半分以上が手づくりならば内食，半分以下なら外部化とカウントする。）

★★★2　食の外部化のよい面と悪い面を考えてみよう。

よい面	悪い面
14	15

★3　さまざまな「コ食」を漢字で記入しよう。

各自が都合がよい時間に，ひとりで食事をすること。

一緒に食卓についてもそれぞれ別の料理を食べること。

好きなものばかり食べること。

味の濃いものばかり食べて，微妙な味の違いににぶくなること。

冷凍・冷蔵庫から出してレンジで加熱して食べるものばかりで食事をすませること。

(16　　　　) (17　　　　) (18　　　　) (19　　　　) (20　　　　)

★★4　この他にどんなコ食があるだろうか？

★★★5　上の「コ食」から1つを選んで，特徴を整理しよう。

コ食	よいところ	悪いところ	改善のためのアイデア
21	22	23	24

NOTE

教 p.82

2 5大栄養素

❶5大栄養素の名称をいえる。……………………………………… YES ・ NO

❷エネルギーを発生しない栄養素もある。………………………… YES ・ NO

❸体内での水のはたらきがわかる。………………………………… YES ・ NO

1 5大栄養素と水

教 p.82

★1 次のはたらきをする栄養素を線で結び，（　　）に適する数字を記入しよう。

1gあたりの発生エネルギー

① エネルギーの供給 ・

・ア．糖質 ────── (^{1}　　　）kcal

・イ．食物繊維

② からだの骨・筋肉・組織などを形成 ・

・ウ．脂質 ────── (^{2}　　　）kcal

・エ．たんぱく質 ── (^{3}　　　）kcal

③ からだの生理機能の調節 ・

・オ．ミネラル

・カ．ビタミン

★2 水のはたらきや特徴についてまとめよう。

・栄養素をとかし，（^{4}　　　　　　　）を容易にする。

・栄養素や（^{5}　　　　　）を運ぱんしたり排出したりする。

・細胞内液と外液にある水分は，移動することでナトリウムとカリウムの濃度を一定に保つ。このようなはたらきを体液の（^{6}　　　　　　）の調整という。

・発汗などにより（^{7}　　　　　）を一定に保つ。

・細胞の形態の維持をする。

・人のからだの約（^{8}　　　）％は水であり，最も出入りの激しい成分である。

★★★3 おやつに食べたドーナツ1個（80g）のエネルギーを計算してみよう。

	1gあたりの発生エネルギー	ドーナツ1個（80g）あたりの分量	計算式 ^{12}
炭水化物	（^{9}　　）kcal	48.2g	
脂質	（^{10}　　）kcal	9.0g	
たんぱく質	（^{11}　　）kcal	5.8g	約（^{13}　　　）kcal

3 炭水化物

教 p.83～85

▶このような商品が開発された理由は何だろう？

1 炭水化物の種類とはたらき

教 p.83

★炭水化物のはたらきについて，（　）にあてはまるものを選び，記号で答えよう。

	はたらき	足りない場合	とりすぎた場合
糖質	(¹　　　　　) (²　　　　　)	(³　　　　　)	(⁴　　　　　)
食物繊維	水溶性……(⁵　　　　　) 不溶性……(⁶　　　　　)	(⁷　　　　　)	(⁸　　　　　)

ア．ぶどう糖は脳や神経系のエネルギー源。

イ．腸のぜん動運動を促進し，排便を促す。

ウ．便秘になりやすく，大腸がんになるリスクが高くなる。

エ．血液中のぶどう糖が不足すると，疲労感や脱力感が現れる。

オ．脂質より即効性のあるエネルギー源。

カ．血糖値の急上昇やコレステロールの吸収を抑制する。

キ．消費されなかった時は中性脂肪として貯蔵されるので肥満の原因になる。

ク．下痢を引き起こし，水分と共に必要な栄養素が排出され，ミネラルの欠乏症を招く。

2 炭水化物を多く含む食品

教 p.84～85

● 穀類

★米の主成分は（⁹　　　　　）（約75％）で，（¹⁰　　　　　）を6～7％含む。生のでんぷんは（¹¹　　　　　）と呼ばれ，消化が悪い。βでんぷんに（¹²　　　　　）と熱を加えると（¹³　　　　　）（α化）し，αでんぷんとなり，消化しやすくなる。αでんぷんが冷えてβでんぷんに近い状態になることを（¹⁴　　　　　）という。米のでんぷんの種類には，ぶどう糖が直鎖状につながる（¹⁵　　　　　）と，ぶどう糖が枝分かれしている（¹⁶　　　　　）があり，もち米には（¹⁷　　　　　）が含まれないため，ねばりが強い。

★★★1　玄米と精白米の違いについて，教科書p.84 ⑥を見てまとめよう。

18

★小麦は，約75%が (^{19}　　　　　　　) で10%前後のたんぱく質を含む。小麦のたんぱく質の主なものは，グリアジンとグルテニンで，(^{20}　　　　　) を加えて練ると，これらがからみ合い，(^{21}　　　　　　　) ができ，ねばりと弾力が出る。

★2　小麦の種類と主な用途についてまとめよう。

種　類	たんぱく質含有量(%)	主な用途
^{22}	約8～9	^{23}
^{24}	約9～10	^{25}
^{26}	約12	^{27}

● いも類

★教科書p.85 ⑩を見て，いも類の名称と特徴をまとめよう。

名称	^{28}	^{29}	^{30}	^{31}	^{32}
種類					
特徴	(^{33}　　　) (^{34}　　　)	(^{35}　　　) (^{36}　　　)	(^{37}　　　)	(^{38}　　　)	(^{39}　　　)

ア．グルコマンナンを主成分とする。
イ．便秘予防効果のあるヤラピンを含む。
ウ．芽や緑色の皮には，毒性のあるソラニンを含むので，調理の際には除去する。
エ．加熱するとでんぷんが麦芽糖・デキストリンに変わるので甘くなる。
オ．生でも消化がよい。
カ．この5種類のなかではさつまいもと並んでビタミンCの含有量が多い。
キ．ぬめりの成分ガラクタンは，塩でもみ洗いし，食塩水でゆでると除去できる。

● 砂糖

★砂糖は (^{40}　　　　　　)・(^{41}　　　　　　) が原料で，(^{42}　　　　　　　)
を主成分とし，エネルギー源や甘味料として重要である。

★★1　砂糖の特性をいかした加工品や調理を選び，記号で答えよう。
①加熱による糖のカラメル化　　　(　　　)　　　②でんぷんの老化防止効果　(　　　)
③水分含量が減ることによる防腐効果(　　　)　　　④ペクチンのゼリー化効果　(　　　)

ア．ジャム，マーマレード　　　イ．砂糖漬け　　　　ウ．ぎゅうひ，だんご　　　エ．カラメルソース

4 脂質

教 p.86〜87

> ▶教科書p.219を見て，ミルクチョコレート100gに含まれる脂質の量を調べよう。
>
> (　　　　　　　　) g

1 脂質の種類とはたらき

教 p.86

★1 脂質についてまとめよう。

脂　質	特徴とはたらき
(1　　　　　　　　　　　)	・グリセリンと (2　　　　　　　　) 3つが結合。 ・1gあたり (3　　　　　　　) kcalのエネルギー源。 ・エネルギーを体内に蓄える。 ・(4　　　　　　　　　) を保持する。
(5　　　　　　　　　　　)	・細胞膜を構成する。
(6　　　　　　　　　　　)	・細胞膜の成分。性ホルモンや胆汁酸の材料。

★2 脂肪酸についてまとめよう。

(7　　　　　) 脂肪酸		パルミチン酸　など
(8　　　　　) 脂肪酸	(9　　　　　　) 不飽和脂肪酸	オレイン酸　など
	(10　　　　　　) 不飽和脂肪酸	(11　　　　　　　) ・アラキドン酸　など
		α-リノレン酸・(12　　　　　　) ・IPA　など

　リノール酸やα-リノレン酸は，体内で合成することができないため (13　　　　　　　)
脂肪酸とよばれ，からだの発育や健康保持に必要な成分である。

2 脂質を多く含む食品

教 p.86〜87

★1 教科書p.86 ❸を参考に，次の食品に多く含まれる脂肪酸を線で結ぼう。

えごま油，なたね油，魚	① •	• ア	飽和脂肪酸
牛・豚・鶏の肉，バター，パーム油	② •	• イ	一価不飽和脂肪酸
オリーブ油，なたね油	③ •	• ウ	リノール酸系(n-6系)
大豆油，コーン油，ひまわり油	④ •	• エ	α-リノレン酸系(n-3系)

★15〜17歳の脂肪エネルギー比率の目標量は，男女とも (14　　　　) 〜 (15　　　　) ％
である。エネルギー供給源としての意義が大きい (16　　　　　) 脂肪酸は目標量が定
められ，15〜17歳のエネルギー比率は男女とも8％以下である。

NOTE

5 たんぱく質

教 p.88〜89

▶次の商品に共通することはなんだろうか？

....

....

....

....

1 たんぱく質の種類とはたらき

教 p.88

★体内に摂取されたたんぱく質は（¹　　　　　　）に分解され，からだの各部分に適したたんぱく質につくりかえられ，（²　　　　　）や（³　　　　　）など，からだをつくるすべての細胞や組織を（⁴　　　　　）する。また，酵素や，ホルモン，（⁵　　　　　）などの材料として重要である。たんぱく質をつくるアミノ酸は，約20種類ある。そのうち体内で合成できない9種類を（⁶　　　　　）という。体内では貯蔵のための形態を持たないため，毎日食事からとる必要がある。

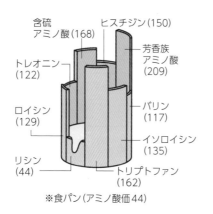

含硫アミノ酸(168)
ヒスチジン(150)
芳香族アミノ酸(209)
トレオニン(122)
ロイシン(129)
バリン(117)
イソロイシン(135)
リシン(44)
トリプトファン(162)
※食パン(アミノ酸価44)

★たんぱく質の栄養価を表す方法に，（⁷　　　　　）がある。（⁸　　　　　）種類の必須アミノ酸のどれか一つが不足してもたんぱく質が合成されない。左図の食パンの場合，（⁹　　　　　）が不足し，アミノ酸価は（¹⁰　　　　　）となる。あまりバランスのよいたんぱく質とはいえないが，他の良質なたんぱく質と一緒に食べることで栄養価を高めることができる。これをたんぱく質の（¹¹　　　　　）効果という。

★★★1　忙しい朝でも，たんぱく質の補足効果が得られるメニューになるよう，次の主食に組み合わせる食品やメニューを考え，食材や調理法を記入しよう。

ごはん 12	パン 13	麺 14

2 たんぱく質を多く含む食品

教 p.89

★1 たんぱく質を多く含む食品についてまとめよう。

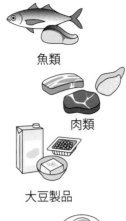

魚類

肉類

大豆製品

卵

●**魚類** 特に, 魚肉たんぱく質には (^{15}　　　　　　) が多い。
脂質は, (^{16}　　　　　　) 脂肪酸を多く含む。

●**肉類** 脂質, (^{17}　　　　　), ビタミン (^{18}　　　　　)・B$_2$
などに富む。肝臓(レバー)はミネラルや(^{19}　　　　　)
類を多く含む。筋肉中の酵素のはたらきでやわらかく風味のよ
い肉になることを肉の(^{20}　　　　　) という。部位により
肉質が異なるので, 適した (^{21}　　　　　) 法を選ぶ。

●**豆類** たんぱく質と(^{22}　　　　　) が多く含まれるものと,
たんぱく質と(^{23}　　　　　) が多いものがある。また,
ビタミン (^{24}　　　　) を多く含む。

●**卵** 卵黄は, たんぱく質・(^{25}　　　　　)(レシチン)・
(^{26}　　　　　)・ビタミンなどを含む。

★2 教科書p.89 ❺を見て, 卵の調理性についてまとめよう。

性質	特　　　性	調理例
熱凝固性	卵黄は約(^{27}　　　　)℃, 卵白は約(^{28}　　　　)℃で凝固する。	ゆで卵, ハンバーグのつなぎ, (^{29}　　　　　　　)
泡立ち性	(^{30}　　　　　)のたんぱく質はかくはんすると泡立つ。(^{31}　　　　　)とよく泡立ち, (^{32}　　　　　)を加えると安定する。	(^{33}　　　　　　), スポンジケーキ
乳化性	卵黄中の(^{34}　　　　　)は油を乳化する。	(^{35}　　　　　)
希釈性	卵液は, 水・(^{36}　　　　　)・ (^{37}　　　　)と混ざりやすい。	(^{38}　　　　　　), カスタードプディング, 卵豆腐

★3 大豆の加工品について, 製造工程を選び, 記号で答えよう。

ア. つぶして塩とこうじを加え, 熟成させる
イ. くだいて水を加えてよく煮て, 布でこす
ウ. 納豆菌を加えて発酵させる
エ. 塩化マグネシウム・硫酸カルシウムなどを加え凝固させる
オ. 炒って粉にする
カ. 小麦・塩・こうじを加えて熟成させ, ろ過する

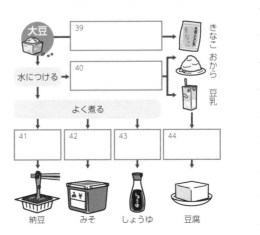

NOTE

6 ミネラル

教 p.90〜91

▶市販されているミネラルウォーターの成分を調べてみよう。硬水と軟水ではどのように異なるのだろうか。

1 ミネラルの種類とはたらき

教 p.90

★人体を構成する元素は，炭素，酸素，水素，窒素が全体の約（¹　　　）％を占めている。それら4種以外の元素を総称して（²　　　　　）という。

　ミネラルは，約（³　　　）種類あり，それぞれの元素には，生体の（⁴　　　）などの構成成分になる，（⁵　　　　）などの構成成分になる，生体の恒常性など生体機能の調節をする，（⁶　　　　）の構成成分や生理活性物質になる，などのはたらきがある。

2 ミネラルを多く含む食品

教 p.90〜91

★1 教科書p.90 ❶を見て，ミネラルについてまとめよう。

種類	はたらき	多く含む食品	欠乏症
カルシウム (Ca)	骨と歯の成分，血液の（⁷　　　）作用	(⁸　　　)・乳製品・小魚	(⁹　　　)症，成長不良
リン(P)	骨と歯の成分，体液の（¹⁰　　　）調整	(¹¹　　　)・大豆・肉	骨・歯の発達障害
マグネシウム (Mg)	骨と歯の成分，（¹²　　　）の収縮作用	(¹³　　　)・種実類	骨・歯の形成障害
鉄(Fe)	(¹⁴　　　)の運ぱん，二酸化炭素の排出	(¹⁵　　　)・卵黄・肉・緑黄色野菜	(¹⁶　　　)
亜鉛(Zn)	たんぱく質や遺伝子の合成	(¹⁷　　　)類・肉・卵	成育障害・(¹⁸　　　)障害

★★2 教科書p.91 ❷を見て，図の（　）に年齢を記入し，女性の骨量の変化を表すグラフを書き入れよう。

年齢と閉経に伴う骨量の変化（概念図）

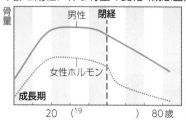

骨粗鬆症財団「骨粗鬆症検診・保健指導マニュアル第2版」による

グラフからわかることをまとめよう。
20

7 ビタミン

教 p.92～93

❶ビタミンを含む食品は野菜とくだもののみである。……………… YES ・ NO

❷ビタミンは，多くとればとるほど体によい。……………………… YES ・ NO

❸よく出回っている野菜やくだもののビタミンは一年中同じ量である。…… YES ・ NO

1 ビタミンの種類とはたらき

教 p.92

★主なはたらきは，(^{1}　　　　　　　）作用，(^{2}　　　　　　　）作用，(^{3}
　　　　　）作用，(^{4}　　　　　　　　　）作用などである。

　ビタミンには，油にとける(^{5}　　　　　）溶性と水にとける(^{6}　　　　　）溶性がある。
それぞれの特徴に合わせた扱い方や調理をすることにより，効率的に摂取できる。

★1　ビタミンについてまとめよう。

	種類	多く含む食品	欠乏症	特徴
脂溶性ビタミン	ビタミンA	(^{7}　　　　　）・チーズ・卵黄・うなぎ・(^{8}　　　　　）	(^{9}　　　　　）・発育障害	熱に比較的強く，(^{14}　　　　　）と一緒にとると吸収率がよいため，(14)を使用した料理法がよい。
	ビタミンD	(^{10}　　　　）・きのこ	くる病・(^{11}　　　　　）	
	ビタミンE	小麦胚芽・植物油・(^{12}　　　　　）	歩行不調	
	ビタミンK	(^{13}　　　　　）・小麦胚芽	血液凝固不良	
水溶性ビタミン	ビタミンB₁	胚芽・卵黄・(^{15}　　　　　）・豆類	(^{16}　　　　　）・食欲不振	野菜は素早く洗い，煮物では汁にとけ出すことから，(^{24}　　　　　）も一緒にとる。尿中に排出されるため，毎日とらないと不足しやすい。
	ビタミンB₂	(^{17}　　　　）・牛乳	(^{18}　　　　　）・発育阻害	
	ビタミンC	(^{19}　　　　　）・みかん・(^{20}　　　　　）	(^{21}　　　　　）・皮下出血	
	葉酸	(^{22}　　　　　）・レバー	(^{23}　　　　）・口内炎	

2 ビタミンを多く含む食品

教 p.92～93

★★★ビタミンの性質をいかして，おいしく，効率的にビタミン摂取ができるようメニューを考えよう。他に加える食材，味つけ，調理法を記入しよう。

ビタミンA（β-カロテン）が豊富なにんじん 25	ビタミンCが豊富なカリフラワー 26

NOTE

その他の食品

教 p.94～95

▶見たことがある，または聞いたことがあるものに〇をつけよう。
（　）UMAMI　（　）スパイス　（　）ポリフェノール　（　）トクホ　（　）レトルト

1 調味料・香辛料　　2 し好食品

教 p.94

★調味料や，し好食品に含まれる成分についてまとめよう。

・甘味料…砂糖やみりんなど。近年（¹　　　　　　　　　　）のものが開発されている。

・塩味料…食塩，しょうゆなど。

・酸味料…米酢などの穀物酢や，ぶどうなどを使用した（²　　　　　　　）など。

・うま味料…「UMAMI」が国際語として定着しているのは，3つのうま味成分が日本人
により発見されたからである。こんぶには（³　　　　　　　　），かつおぶしには
（⁴　　　　　　　　　），しいたけにはグアニル酸などのうま味成分が含まれている。

・（⁵　　　　　　　　　　）…植物のあくや色素の成分。抗酸化作用などさまざまな
生理作用がある。緑茶に含まれるカテキンもポリフェノールの一種である。

3 加工食品，その他の食品

教 p.94～95

★1　次の加工食品の種類や特徴として適するものを選び，記号で答えよう。

（⁶　　　　）　　　　　　　（⁷　　　　）　　　　　（⁸　　　　）　　　（⁹　　　　）

ア．コピー食品：本物の食品と類似させた食品。

イ．チルド食品：凍結する直前の温度（低温）で貯蔵する。

ウ．冷凍食品：農畜水産物の食材そのものを冷凍したものと，調理済みを冷凍したものがある。

エ．レトルト食品：気密・しゃ光性の特殊な容器に詰め，加圧・加熱殺菌したもので常温保存可能。

★地震などの災害に伴う非常事態により通常の食料供給が難しくなった時のための災害対
応食品のことを（¹⁰　　　　　　　　）という。（¹¹　　　　　　　）期限が長い日常食も災害
食として使用する。

★★2　次のマークの正しい名称と，マークが使われている市販食品を書こう。

| | マーク名 12 |
| | 使用例 |

| | マーク名 13 |
| | 使用例 |

9 食品の選択と表示

教 p.98～99

▶食品を選ぶ時に，あなたが確認しているものに○をつけよう。

（　　）産地　　　（　　）食品の色や形　　　（　　）消費（賞味）期限　　　（　　）価格

（　　）原材料　　　その他（　　　　　　　　　　　　　　　　　　　　　　　　　）

★★ **1　生鮮食品を選ぶポイントをまとめよう。**

★ **2　消費期限と賞味期限についてまとめよう。**

製造日

（¹　　　　　）日　　　　　　　（²　　　　）か月

年月日で表示　　←　　年月日で表示　　←　　年月日で表示（年月表示でも可）

←（³　　　　）期限→　←――――――（⁴　　　　）期限――――――→

調理パン・そうざいなど　　　　　　　　牛乳・冷凍食品など

★ **3　食物アレルギー症状を起こしやすい原料のうち，発症件数が多いもの，または症状が重く命にかかわるため注意が必要なものには表示義務がある。次の食品のなかで表示が義務化されている8品目を選び，○をつけよう。**

さば　・　えび　・　りんご　・　そば　・　バナナ　・　落花生（ピーナッツ）　・　かに

大豆　・　卵　・　キウイフルーツ　・　乳　・　やまいも　・　小麦　・　豚肉　・　くるみ

★★ **4　次の食品のマークにあてはまるものを選び，記号で答えよう。**

（⁵　　　　　）

厚生労働大臣
HACCP
承認

（⁶　　　　　）

 JAS

（⁷　　　　　）

（⁸　　　　　）

ア．都道府県が定めた認証基準に適合する地域特産品につける。
　　（Excellent Quality, Exact Expression, Harmony with Ecology）

イ．品位，成分，性能などの品質についてのJAS規格（一般JAS規格）を満たす食品などにつける。（Japanese Agricultural Standards）

ウ．衛生的な工程管理がされていることを承認された商品につける。
　　（Hazard Analysis and Critical Control Point）

エ．有機食品の規格に適合した農産物，畜産物，その加工品等につける。

NOTE

10 食品の衛生

教 p.100～101

1 食品添加物

教 p.100

★★次の文章の内容が正しければ○，間違っていれば×をつけよう。

①食品添加物には甘味や色をつけるものだけでなく，防かび剤や保存料もある。　（　　　）

②総理大臣が定めたもの(指定添加物)以外の製造，販売等は禁止されている。　（　　　）

③指定添加物は食品安全委員会において，毒性や発がん性などの試験を行い，
　安全性の評価をした後に許可されたものである。　（　　　）

④キャリーオーバーなどの一部を除き，使用したすべての添加物の表示義務
　がある。　（　　　）

⑤「アスパルテーム」とは豆乳を固めて豆腐にするために必要な添加物である。　（　　　）

⑥「亜硝酸ナトリウム」は発色剤としてハムやソーセージに使われている。　（　　　）

2 食中毒

教 p.101

★1　食中毒の種類と原因についてまとめよう。

種類			原因となるものの例
微生物性	細菌性	感染型	サルモネラ属菌・(^{1}　　　　　　　　　)・(^{2}　　　　　　　　　　　)・病原性大腸菌
		(^{3}　　　　　)型	(^{4}　　　　　　　　　　)・ボツリヌス菌
	ウイルス性		(^{5}　　　　　　　　　)
自然毒	植物性		ナッツのかび・毒きのこ・(^{6}　　　　　　　　)の芽
	動物性		ふぐ毒((^{7}　　　　　　　　　))・下痢性貝毒
寄生虫	(^{8}　　　　　　　)		生鮮魚介類

★★2　次の行動の目的は食中毒予防の三原則のどれにあたるか，線で結ぼう。

低温で保存する(冷蔵庫は10℃以下) ① •

調理前に手や調理器具をよく洗う ② •

中心まで十分に火を通す ③ •

室温に長く放置しない ④ •

傷のある手でさわらない ⑤ •

包丁やまな板を，肉魚と野菜で使い分ける ⑥ •

• ア　つけない

• イ　増やさない

• ウ　やっつける

11 食料自給率と食のグローバル化

教 p.102〜103

▶次の言葉の意味を説明できるだろうか。

❶食料自給力　　　　　　　……………………………………………………………………

❷バイオエタノール　　　　……………………………………………………………………

❸バーチャルウォーター　　……………………………………………………………………

1 食料自給率

教 p.102〜103

★★1　次の朝食と夕食における品目（食材）ごとの自給率の正しい数値に〇をつけよう。

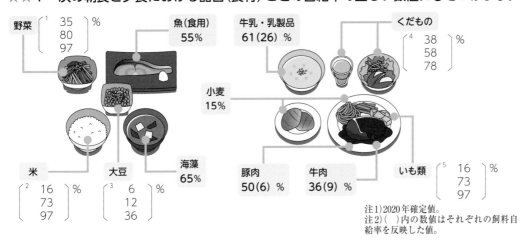

野菜 [1] 35 / 80 / 97 ％

魚（食用） 55%

牛乳・乳製品 61（26）％

くだもの [4] 38 / 58 / 78 ％

小麦 15%

米 [2] 16 / 73 / 97 ％

大豆 [3] 6 / 12 / 36 ％

海藻 65%

豚肉 50（6）％

牛肉 36（9）％

いも類 [5] 16 / 73 / 97 ％

注1）2020年確定値。
注2）（　）内の数値はそれぞれの飼料自給率を反映した値。

★★★2　食料自給率向上のための5つのアクションのうち，次の3つの条件を組み合わせたメニューを考えよう。

1 旬の食材　　2 地元の食材　　3 ご飯を中心に野菜をたっぷり

2 輸入食品への依存

教 p.103

★★輸入に依存した食生活が不安定な理由を，①には「輸入停止」，②には「バイオエタノール」という言葉を使って説明しよう。

①

②

NOTE

12 食の未来と環境への取り組み

教 p.104〜105

▶次の言葉のなかで知っているものに○をつけよう。

（　　）遺伝子組換え食品　　　　（　　）ゲノム編集食品　　　（　　）地産地消

（　　）食品ロス　　　　（　　）フードバンク

1 安全なものを食べるために

教 p.104〜105

★1　新しい技術によって食料生産を安定させる取り組みについてまとめよう。

　遺伝子組換え食品とは，(^{1}　　　　）など優れた特徴だけを作物に組み入れる技術である。（^{2}　　　　）や（^{3}　　　　）など9種類の農作物とそれらの加工食品について，遺伝子組換えがされているものには表示義務がある。加工食品では（^{4}　　　　）や（^{5}　　　　）などで表示を目にすることがあるだろう。同様の目的で，さらに短期間で効率よく品種改良できる技術がゲノム編集である。生物が持つすべての遺伝情報（ゲノム）のうち，ねらった性質の（^{6}　　　　）だけを編集し，作物の性質を変えることができる。これらの技術については賛否両方の意見があり，消費者として各自が意見を持ち行動することが大切である。

ア．コーンスナック菓子　　　イ．みかん　　　ウ．とうもろこし　　　エ．病気に強い

オ．豆腐　　　カ．遺伝子　　　キ．大豆

★★★2　あなたが考える「安全な食」とはどのようなものか考えよう。

2 環境への取り組み

教 p.105

★1　地産地消のメリットを箇条書きにしてまとめよう。

★★★2　身の回りの食品ロスを減らすためにできることを考えよう。

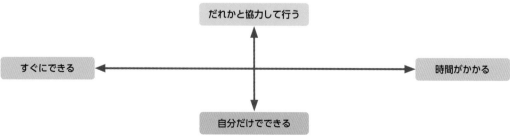

シンキングツール

座標軸

ものごとを2つの軸・観点で整理してみよう。

★★★ 深ぼり WORK 未来の食卓を考える

1 あたりまえのものが食べられなくなるかもしれない。
あなたにとって，食べられなくなると困るものは何だろう？

* 食料自給率が低いと，今後どのような場合に日本の食料が危機になると考えられるか，教科書p.103を読んで確認しよう。

2 新しい食料について
植物工場，ゲノム編集，細胞農業などの新しい食料について調べて発表しよう。

多様な食料のなかから，あなたは何を重視して選びたいだろう？

3 30年後を想像する……私は(　　　)歳。どんな生活かな？
自分が食べたいものは？

自分の家族に食べさせたいものは？

みんなが考える未来の食卓について話し合ってみよう。

13 食事摂取基準

教 p.106〜107

❶自分が1日に必要なエネルギー量は？ ………　わかる ➡（　　　　　）kcal　・　わからない

❷身体の活動レベルが同じでも，性別によって必要なエネルギー量は違う？
　……………………………………………………………………………………　YES　・　NO

❸性別が違っても，同級生ならすべての栄養素の推奨量は同じ？…………　YES　・　NO

1　食事摂取基準

教 p.106〜107

★（¹　　　　　　　　　）は，国民の健康の（²　　　　　　　　　），生活習慣病の予防を目的として策定されている。各栄養素の食事摂取基準は，性別，（³　　　　　　　）別，妊婦・授乳婦別に1日あたりの推奨量や目安量などが示されている。また，エネルギーの摂取量および消費量のバランスの維持を示す指標として，（⁴　　　　　　　）が採用されている。参考資料として，（⁵　　　　　　　）別の推定エネルギー必要量が示されている。

★1　自分に必要なエネルギー量と栄養素の量を調べよう。

年齢（　　　）歳，性別（　　　　），身体活動レベル（　　　　）

エネルギー	食物繊維	たんぱく質	ビタミンB_1	ビタミンC	ビタミンA	ビタミンD	カルシウム	鉄	食塩相当量
kcal	g	g	mg	mg	μgRAE	μg	mg	mg	g未満

★★★2　栄養価の計算にチャレンジしてみよう。

今日の春美さん（16歳女子，身体活動レベルⅡ）の朝食は，トーストのみだった。この朝食の栄養価を計算してみよう（バターのデータは教科書p.219の食品成分表の数値を記入）。

〈計算例〉食パン1枚のエネルギー＝248（kcal）×60（g）÷100＝149（kcal）

献立	材料	分量	エネルギー (kcal)	たんぱく質 (g)	カルシウム (mg)	鉄(mg)	ビタミンA (μgRAE)	ビタミンC (mg)
トースト	食パン	100g	248	8.9	22	0.5	0	0
	①食パン1枚＝60g		149	⁶	⁷	⁸	0	0
	バター	100g	700	⁹	¹⁰	¹¹	¹²	¹³
	②バター＝10g		¹⁴	¹⁵	¹⁶	¹⁷	¹⁸	¹⁹
A　合計①＋②			²⁰	²¹	²²	²³	52	0
B　1日の食事摂取基準の1/3			767	18.3	217	3.5	217	33
過不足量（A－B）			²⁴	²⁵	²⁶	²⁷	²⁸	²⁹

＊ビタミンAはレチノール活性当量。

わかったことをまとめよう。

14 食品群別摂取量のめやす

教 108〜109

1 食品群別摂取量のめやす

教 p.108〜109

★1 あなた自身の食品群別摂取量のめやすの表を完成させよう。

年齢（　　　）歳，男・女　　身体活動レベル（　Ⅰ低い・Ⅱふつう・Ⅲ高い　）

食品群	1群		2群		3群			4群		
	乳・乳製品	1	魚介・肉	6	9	10	くだもの	穀類	油脂	13
	g	g	g	g	g	g	g	g	g	g
栄養的特徴	良質（2　　　）・脂質・（3　　　）などをバランスよく含み，主に（4　　　）組織の構成に役立つ		（7　　　）・脂質などを含み，主に（8　　　）組織の構成に役立つ		（11　　　）・ミネラルなどを含み，（12　　　）機能を調節する			（14　　　）・脂質を含み，（15　　　）源となる　（16　　　）		
食品の概量	牛乳1 3/5 カップ（320mL） 卵（5　　　）個		魚1切れ（70〜100g） 肉（50〜100g） 豆腐 1/5 丁（60g） 煮豆（20g）		ひたし物1皿（100g） いも1皿（100g） サラダ（130g） 煮物（120g） くだもの（150g）			1 1/2 〜2カップ（255〜340g） 食パン2〜2.5枚（120〜140g） 砂糖大さじ1（10g） 油大さじ1 2/3 〜2 1/2（20〜30g）		

★野菜はきのこ類，（17　　　）類を含む。また，野菜の1/3以上は（18　　　）野菜でとることとする。菓子・飲料などのし好品は（19　　　）群に含まれる。

★★2 教科書p.108 ❷の表から読み取ろう。

①身体活動レベルや性別が違っても，15〜17歳と18〜29歳で同じ摂取量の食品は何だろう。5つ見つけよう。

②身体活動レベルⅡの場合に，男女とも15〜17歳のほうが18〜29歳より摂取量が多い食品は何だろう。2つ見つけよう。

★★★3 ノートp.61に記入した食事記録と比較してみよう。改善点はあるだろうか。

NOTE

15 献立作成

教 p.110〜111

▶家族のために1日3食，1週間の献立を考えることになった。どのようなことに配慮すれば，みんなが喜ぶだろう？

....

....

1 家族の食事計画

教 p.110〜111

★1 献立作成時のポイントを選び，記号で答えよう。

A 栄養とし好	B 費　用	C 調理の効率	D 環　境	E 安　全
1	2	3	4	5

ア．食中毒予防　　　　　　　　　　イ．家族の年齢・性別・生活条件による特徴や好みを考慮
ウ．予算にあわせた食品選び　　　　エ．地域の食材利用による輸送エネルギーの節約
オ．食品群別摂取量のめやすを利用　カ．調理器具の活用による時間短縮
キ．食品をむだなく使いごみ削減　　ク．食べる人の食物アレルギーをチェック
ケ．旬のものは安価　　　　　　　　コ．作業の組み合わせにより労力の配分や能率アップ

★2 年齢と献立の特徴を線で結ぼう。

妊娠期授乳期 ①・

乳幼児期 ②・

学童期青年期 ③・

成人・壮年期 ④・

高齢期 ⑤・

・ア 消化器系に負担の少ない食品を選ぶ。牛乳，味がたんぱくな魚・鶏肉・大豆などでたんぱく質を補う。

・イ 身体活動レベルの程度によってエネルギー量を考える。食塩・動物性脂肪などのとりすぎに注意する。

・ウ 消化吸収が十分でないので，消化のよいものを食べやすく処理する。良質たんぱく質と水分を十分にとる。

・エ からだをつくる大切な時期。たんぱく質・カルシウム・鉄・ビタミンを十分にとる。

・オ たんぱく質・カルシウム・鉄を十分にとる。消化能力が落ちるので，食事回数を多くするなどの工夫をする。

★★★3 下記の材料を使って夕食の献立を立ててみよう。

魚（ぶり）・ほうれん草・わかめ・豆腐・きゅうり・米
※調味料は各家庭にあるものを使用する。

主菜→

副菜→

汁物→

主食→

★★★ 深ぼり **WORK** 調理と中食のバランスについて考えよう

A 家族のために休日のランチメニューを考えよう！

1 いつも家にある食材は何だろう？　冷蔵庫や食材庫をチェック！

2 見つけた食材を使って献立考案！　それぞれの味つけや調理法もメモしよう。

使用する食材

(　　　　　　　　　　　　　　　　　　　　　　　　　　　　　　　　　　　　)

　　主菜(　　　　　　　　　　　)　　副菜(　　　　　　　　　　　)

　　汁物(　　　　　　　　　　　)　　主食(　　　　　　　　　　　)

3 栄養バランスを診断してみよう。

　1食分は教科書p.108のめやすの量を1/3にする（自分の年齢・性別・活動レベルを選ぶ）。

　判定の欄は，めやすの量と比較して記入する。

（おおよそ充足なら〇　不足なら△　まったく食べなかったなら✕　多すぎなら☆）

	1群		2群		3群			4群		
	乳・乳製品	卵	魚介・肉	豆・豆製品	野菜	いも	くだもの	穀類	油脂	砂糖
めやす	g	g	g	g	117 g	33 g	66 g	g	g	g
食べた量	g	g	g	g	g	g	g	g	g	g
判定										

＊△や✕がついた食品を夕食に食べるなら，どんなメニューがよいだろう？

(　　　　　　　　　　　　　　　　　　　　　　　　　　　　　　　　　　　　)

4 年齢が異なる家族には，栄養や味つけ，切り方，調理法に工夫が必要になる。

　自分が考案した献立に過不足はないだろうか？

　教科書p.111❹や教科書p.107❶を参考に，それぞれの場合の工夫や配慮を考えてみよう。

幼児が一緒の場合

高齢者が一緒の場合

B 中食を利用する場合の栄養バランスを整えよう！

1 あなたがよく利用する中食の栄養成分表示をチェックしよう。

単位食品あたりの成分量が<u>100gあたり</u>の場合は1食あたりに変換する。

例）内容量200gで100gあたり300kcalの表示ならば，1食あたりは600kcal。

① **食事摂取基準に定められた1食あたりの数値を計算しよう。**

自分の1日のエネルギー必要量×1/3

= _____ kcal

自分の1日のたんぱく質推奨量×1/3

= _____ g

自分の1日の食塩相当量目標量×1/3

= _____ g

② **中食の数値を記入しよう。**

1食あたり	
エネルギー	kcal
たんぱく質	g
脂質	g
炭水化物	g
食塩相当量	g

③ **栄養バランスを改善するアイデアを書こう。**

C 食事の調達方法を考えよう！

1 さまざまなシチュエーションを想定して，自分にとってよりよい選択を考えよう。下に示したシチュエーションや，調達方法を考えて，線で結ぼう。

▶シチュエーションの例

- 一人暮らしの朝食 •
- 学校や仕事がある日の昼食 •
- 家族が一緒の普段の夕食 •
- 遅い時間に帰宅した時の夕食 •
- 家に食材がない時 •
- 食費にかけるお金がない時 •
- •
- •

▶食事の調達方法の例

- • a 生鮮食品を使ってすべて手づくり
- • b 冷蔵庫の残り物をアレンジ
- • c d, e, f, と手づくりを組み合わせる
- • d インスタントや冷凍食品を利用
- • e 中食
- • f デリバリー
- • g イートイン
- • h 外食

16 調理の基本

★調理の基本についてまとめよう。

1 献立を作成する	●(¹　　　　　　　　　)→(²　　　　　　　　　　)→主食を決める。逆になる場合もある。
2 食材を調達する	●食品の廃棄率から，食べられる部分の重量を計算する。 　たとえば，じゃがいもの廃棄率は(³　　　　　　　)％ →　可食率(食べられる部分の割合)は，90％ 　　そこで，270gのじゃがいもが必要ならば，用意するのは 　　 A g × 0.9 ＝ 270g ⇨ A ＝ 300g
3 調理手順のイメージ化	●(⁴　　　　　　　)の使い回し，(⁵　　　　　　　)使用の手順をイメージし，効率のよい手順を決める。

4 調理器具
計量，〈食品の重量と容量のめやす〉

食品名	小さじ (⁶　　　)mL	大さじ (⁷　　　)mL
水・酢・酒	(⁸　　　)g	(⁹　　　)g
しょうゆ・みりん・みそ	(¹⁰　　　)g	(¹¹　　　)g
食塩	(¹²　　　)g	(¹³　　　)g
上白糖	(¹⁴　　　)g	(¹⁵　　　)g
サラダ油・バター	(¹⁶　　　)g	(¹⁷　　　)g

計量カップ(¹⁸　　　　)mL
　米　1カップ＝170g　　炊飯用1合カップ＝180mL

5 調理操作
包丁操作
(教科書p.114)
〈基本の切り方〉

(¹⁹　　　　　　)
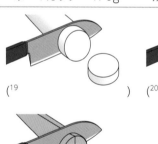
(²⁰　　　　　　)

(²¹　　　　　　)

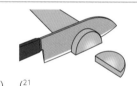
(²²　　　　　　)
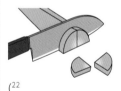
(²³　　　　　　)

(²⁴　　　　　　)

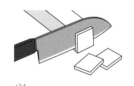
(²⁵　　　　　　)

(²⁶　　　　　　)
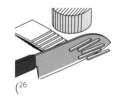
(²⁷　　　　　　)

6 水かげん
(教科書p.115)

(²⁸　　　　　　)の水

(²⁹　　　　　　)の水

(³⁰　　　　　　)の水

7 いろいろな調理法

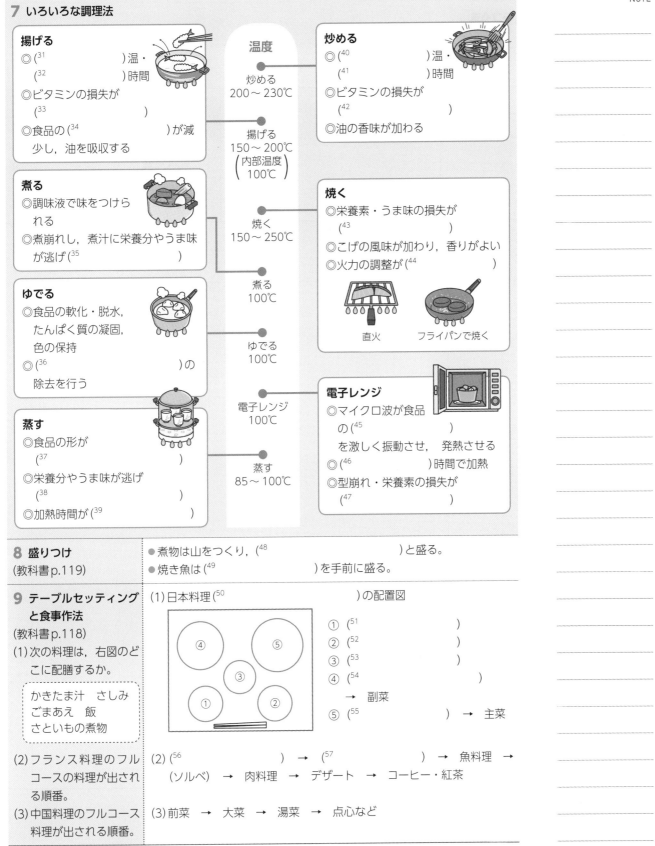

揚げる
◎(³¹　　　　)温・
　(³²　　　　)時間
◎ビタミンの損失が
　(³³　　　　)
◎食品の(³⁴　　　　)が減
　少し，油を吸収する

温度
炒める
200〜230℃

揚げる
150〜200℃
(内部温度)
100℃

焼く
150〜250℃

煮る
100℃

ゆでる
100℃

電子レンジ
100℃

蒸す
85〜100℃

炒める
◎(⁴⁰　　　　)温・
　(⁴¹　　　　)時間
◎ビタミンの損失が
　(⁴²　　　　)
◎油の香味が加わる

煮る
◎調味液で味をつけられる
◎煮崩れし，煮汁に栄養分やうま味
　が逃げ(³⁵　　　　)

焼く
◎栄養素・うま味の損失が
　(⁴³　　　　)
◎こげの風味が加わり，香りがよい
◎火力の調整が(⁴⁴　　　　)

直火　　　フライパンで焼く

ゆでる
◎食品の軟化・脱水，
　たんぱく質の凝固，
　色の保持
◎(³⁶　　　　)の
　除去を行う

電子レンジ
◎マイクロ波が食品
　の(⁴⁵　　　　)
　を激しく振動させ，発熱させる
◎(⁴⁶　　　　)時間で加熱
◎型崩れ・栄養素の損失が
　(⁴⁷　　　　)

蒸す
◎食品の形が
　(³⁷　　　　)
◎栄養分やうま味が逃げ
　(³⁸　　　　)
◎加熱時間が(³⁹　　　　)

8 盛りつけ
(教科書p.119)

● 煮物は山をつくり，(⁴⁸　　　　)と盛る。
● 焼き魚は(⁴⁹　　　　)を手前に盛る。

9 テーブルセッティングと食事作法
(教科書p.118)

(1)次の料理は，右図のどこに配膳するか。

かきたま汁　さしみ
ごまあえ　飯
さといもの煮物

(2)フランス料理のフルコースの料理が出される順番。

(3)中国料理のフルコース料理が出される順番。

(1)日本料理(⁵⁰　　　　)の配置図

① (⁵¹　　　　)
② (⁵²　　　　)
③ (⁵³　　　　)
④ (⁵⁴　　　　)
　→ 副菜
⑤ (⁵⁵　　　　) → 主菜

(2) (⁵⁶　　　　) → (⁵⁷　　　　) → 魚料理 →
　(ソルベ) → 肉料理 → デザート → コーヒー・紅茶

(3)前菜 → 大菜 → 湯菜 → 点心など

調理実習の記録

月　　日（　　）

献立	盛りつけ配膳図	この献立の栄養価	
実習のねらい		・エネルギー	kcal
		・脂質	g
		・たんぱく質	g
		材料費（1人分）	
			円

調理名	材料名	分量 1人分 g（mL）	（　　） 人分	概量	作り方の要点	担当者

必要な用具・器具	

<記録>　調理のポイント，応用調理，応用材料，など

自己評価　（Ａ：優れている　　Ｂ：普通　　　Ｃ：努力を要する）

・計画，準備	A———B———C
・身じたく	A———B———C
・グループ内での分担，協力	A———B———C
・実習への意欲，取り組み	A———B———C
・学習内容の理解	A———B———C
・調理技術	A———B———C
・盛りつけ，配膳	A———B———C
・味，できあがり	A———B———C
・後かたづけ	A———B———C
・ごみ削減の工夫	A———B———C

<反省・感想>

<今後の生活で改善・実行していきたいこと，さらに詳しく調べてみたいこと，など>

調理実習の記録

第　　回　—栄養計算チャレンジ版—　　月　　日（　　）

献立	盛りつけ配膳図	この献立の栄養価	
		・エネルギー	kcal
		・脂質	g
実習のねらい		・たんぱく質	g
		・塩分	g
		材料費（1人分）	
			円

調理名	材料名	分量（　）人分 g（mL）	概量	食品群										その他
				1群		2群		3群			4群			
				乳・乳製品	卵	魚介・肉	豆・豆製品	野菜	いも	くだもの	穀類	油脂	砂糖	
計														

<記録>　調理のポイント，応用調理，応用材料，など

自己評価　（Ａ：優れている　　Ｂ：普通　　Ｃ：努力を要する）　　　　　　<反省・感想>

・計画，準備　　　　　　　　　Ａ——Ｂ——Ｃ

・身じたく　　　　　　　　　　Ａ——Ｂ——Ｃ

・グループ内での分担，協力　　Ａ——Ｂ——Ｃ

・実習への意欲，取り組み　　　Ａ——Ｂ——Ｃ

・学習内容の理解　　　　　　　Ａ——Ｂ——Ｃ

・調理技術　　　　　　　　　　Ａ——Ｂ——Ｃ

・盛りつけ，配膳　　　　　　　Ａ——Ｂ——Ｃ

・味，できあがり　　　　　　　Ａ——Ｂ——Ｃ

・後かたづけ　　　　　　　　　Ａ——Ｂ——Ｃ

・ごみ削減の工夫　　　　　　　Ａ——Ｂ——Ｃ

<今後の生活で改善・実行していきたいこと，さらに詳しく調べてみたいこと，など>

実践コーナー1　食品ロスを考えたクリエイティブ・クッキング

《**目的**》みんなのアイデアで食品ロスを減らす。

クリエイティブ・クッキングの基本原則

1 チームみんなでグループワークをする。

2 限られた時間やモノのなかで成果を出すこと。

3 知識より発想力を生かすこと。

《**方法**》

1 食材選び （　　）分

実践例のテーマを
ヒントにしよう！
「期限が近い〇〇」
「残りがちな……」
「余っている△△」

食材

テーマ

2 作戦会議 （　　）分

料理名

その他に必要な食材・調味料

おおまかな調理方法と役割分担

3 調理時間 （　　）分

4 各班プレゼン　各（　　）分×（　　）班

アピールポイントをメモ

5 実食　　　　（　　）分

6 かたづけ　　（　　）分

7 審査　　　　（　　）分

《**振り返り**》

自分のチームの成功・失敗とその原因	他のチームのアイデアで「素晴らしい」と思ったこと

今後の生活に取り入れていけそうなこと，さらに詳しく調べてみたいこと

実践コーナー2　ゲル化素材の特性を比較しよう！

《**目的**》原料の違いによる特性を理解し，料理に適した使い分けができるようになる。

《**方法**》教科書の手順で実験し，観察したことを下記にメモする。

		A（寒天またはアガー）	B（ゼラチン）	C（ペクチン）
セット1	見ため			
	香り			
	指でさわった手ざわり			
セット2	湯を入れた時の固まり方			
	10分後のようす			
	20分後のようす			
	できあがりの色			
	できあがりの味			
	できあがりのテクスチャー			
	その他　　気づいたこと			
素材	原料			
	使用濃度			
	素材の特性と調理用途			

《まとめ》

実験でわかったことをまとめよう。

ゲル化素材には料理のおいしさ以外に，どのような効果があるだろう。

実践コーナー3 味覚を向上させよう

《目的》 それぞれの実験から味覚の変化を体験し，「うま味」の特徴を理解する。

実験1

A	1%かつおぶしだし
	(水500mL，かつおぶし5g)
B	1%こんぶだし
	(水500mL，こんぶ5g)

結果

A → B の順の人	B → A の順の人
濃い味と感じるのは (　　　)	濃い味と感じるのは (　　　)

わかったこと

Let's TRY!

実験2

C	1%かつおぶしだし
	(水500mL，かつおぶし5g)
D	食塩濃度0.4%を加えた1%かつおぶしだし
	(水500mL，かつおぶし5g，食塩2g)

結果
うま味を強く感じたのは(　　　)

わかったこと

実験3

E	食塩濃度0.4%を加えた1%かつおぶしだし
	(水500mL，かつおぶし5g，食塩2g)
F	食塩濃度0.4%を加えた水
	(水500mL，食塩2g)
G	食塩濃度0.4%を加えた0.5%かつおぶしだし
	(水500mL，かつおぶし2.5g，食塩2g)

結果 塩分を強く感じる順に
(　　　) ＞ (　　　) ＞ (　　　)

わかったこと

《発展》 ＊相乗効果が得られる組み合わせをつくってみよう。　(　　　) ＋ (　　　)

＊対比効果が得られる組み合わせをつくってみよう。　(　　　) ＋ (　　　)

《まとめ》

うま味に関する実験で最も印象に残ったこと，感じたこと。

今後の生活にいかしていけそうなこと，さらに詳しく調べてみたいこと。

1　さまざまな生活習慣病の前段階で，内臓脂肪が多く病気につながりやすい状態のこと。　　　1

2　市販の弁当や総菜，家庭外で調理・加工された調理不要の食品を食べることや，これらの食品のこと。　　　2

3　各自が都合のよい時間にひとりで食事をすること。　　　3

4　1 gあたり 9 kcalのエネルギーを発生させる栄養素。　　　4

5　炭水化物のなかでエネルギー源となるものの総称。　　　5

6　炭水化物のなかでほとんどエネルギーにならないが，消化管のはたらきを助けるものの総称。　　　6

7　不飽和脂肪酸の 1 つで，ドコサヘキサエン酸の略称(アルファベット 3 文字)。　　　7

8　たんぱく質を構成する最小単位。　　　8

9　カルシウムの欠乏症で骨量の減少により骨がもろくなった状態。　　　9

10　尿中に排出されるため，毎日とらないと不足しやすいビタミンは，脂溶性，水溶性のどちらか。　　　10

11　可食部100gあたりβ-カロテン当量600μg以上含む野菜 (使用頻度の高い野菜は例外もある)。　　　11

12　こんぶに豊富に含まれ，チーズやトマトなどにも多い，うま味成分の名称。　　　12

13　摂取により保健機能成分の影響が期待される食品につけられるマークの略称 (カタカナ 3 文字)。　　　13

14　古いものから食べ，食べたら買い足し，日常的に消費しながら備蓄する方法。　　　14

15　卵・乳・小麦・そば・落花生 (ピーナッツ)・かに・えび，以上の 7 品目に義務化されている表示。　　　15

16　食品の製造過程，または食品の加工・保存の目的で食品に添加したり，混和したりして使用するもの。　　　16

17　製造日から 5 日以内に品質の劣化が起こる可能性のある食品につけられる期限。　　　17

18　食中毒予防の三原則は,菌を増やさない(抗菌)と菌をやっつける(殺菌)と,あと 1 つは。　　　18

19　その地域でとれたものをその地域で消費すること。　　　19

20　食べられるのに捨てられてしまう食品のこと。　　　20

第6章 衣生活をつくる

「かっこいい服やかわいい服が着たい。」でも，衣服を購入する際には考えなければいけないことがたくさんある。

あなたの現状についてチェックして，これからの衣生活に役立てよう。

☝ CHECK POINT

		YES	NO
1	自分の衣服は自分で買う。	☐	☐
2	ファッションに興味・関心がある。	☐	☐
3	TPOを考えた服装を心がけている。	☐	☐
4	和服を着たことがある。	☐	☐
5	着るものを自分でつくったことがある。	☐	☐
6	服の購入をする時，洗濯等も考えて選んでいる。	☐	☐
7	自分の衣服は自分で洗濯をしている。	☐	☐
8	自分の衣服は自分でアイロンをかける。	☐	☐
9	自分の衣服のボタンつけなどは自分でする。	☐	☐
10	フリーマーケットに行ったり，フリマアプリで売ったり買ったりしたことがある。	☐	☐

世界の民族衣装

あなたの知っている民族衣装は何ですか？　また，どのような特徴がありますか？

NOTE

 人と衣服のかかわり

教 p.136〜137

▶知っている世界の民族衣装に〇をつけよう。

a(　　　　)　　b(　　　　)　　c(　　　　)　　d(　　　　)　　e(　　　　)

1　人と衣服

教 p.136

★衣服をまとうきっかけにはどのような説があるだろうか？　衣服の起源をまとめよう。

説の名称	説　　明
1	寒冷地に移住した人々が生命維持のために毛皮などで身体を保護した。
2	支配者層がその地位を表現するために何かをまとった。
3	集団の団結や敵との区別のために何かをまとった。
4	美的要求から衣服を装った。

2　衣服の機能

教 p.137

★衣服の保健衛生的な役割として,（5　　　　　　　　）,（6　　　　　　　）の清潔,
（7　　　　　　）防護などがある。人は,気温が変化しても（8　　　　　　）を一定に
保つ生理的機能を持っているが,（8）と気温との差が大きくなると,（8）を一定に保つ
ことが難しくなる。衣服を着ると,からだと衣服の間に空気層（（9　　　　　　　　　））
ができ,調節することができる。

★★1　温度調節に有効な着用のしかたをまとめよう。

	着用のしかた
夏	10
冬	11

★2　着装する際に心がけるTPOについてまとめよう。

T：（12　　　　　　　）　　　P：（13　　　　　　　）　　　O：（14　　　　　　　）

2 健康で安全な衣服

教 p.140〜141

▶あなたは次のどの服装が好きだろうか。選んでその理由を答えよう。

a　　b　　c　　d　　e　　f　　g　　h

選んだ理由：

1 快適な衣服

教 p.140

★衣服の快適性を表す要因には，(^{1}　　　　　　　　)，衣服圧，(^{2}　　　　　　　)などがある。適度な衣服圧は，(^{3}　　　　　　　)の向上や(^{4}　　　　　)の補正などが期待できる。風合いは，布をさわった時の(^{5}　　　　　　　)などの感覚で，布表面の粗さや(^{6}　　　　　　　)などが関係する。(^{7}　　　　　　　)素材や(^{8}　　　　　　)素材などの新しい機能を持った繊維素材が開発され，肌着やスポーツウェアなどに利用されている。

　ユニバーサルデザインは，(^{9}　　　　　　)や(^{10}　　　　　　)にかかわりなく，すべての生活者に対して適合するデザインをいう。

2 衣服の安全性

教 p.141

★★衣服によって危ない経験をしたり，見たりしたことはないだろうか。衣服による事故の例を参考に記入し，周りの人と話しあってみよう。

NOTE

3 衣服素材の種類と特徴

教 p.142〜143

▶あなたの持っている衣服がどんな繊維でつくられているのか，調べてみよう。

繊維の表示	表示からわかること

★繊維についてまとめよう。

分類		繊維の名称	特　徴	
天然繊維	植物繊維	綿	(^{1}　　　　　　　　)がよい。	吸水性・吸湿性がよい。熱に強い。しわになりやすい。
		2	さわると(^{3}　　　　　　)がある。	
	動物繊維	毛	(^{4}　　　　　　)が高い。 (^{5}　　　　　　)化する。	しわになりにくい。吸湿性がよい。 (^{9}　　　　　　)に弱い。
		6	(^{7}　　　　　)がある。 (^{8}　　　　　)がよい。	(^{10}　　　　　)で劣化する。 (^{11}　　　　　)を受けやすい。
化学繊維	再生繊維	12	(^{13}　　　　　)がよい。	(^{16}　　　　　)がある。 ぬれると弱くなる。
	半合成繊維	14	(^{15}　　　　　)のような風合いがある。	
	合成繊維	ポリエステル	(^{17}　　　　　)，固さがある。	(^{23}　　　　　)になりにくい。 ぬれても(^{24}　　　　　)が変化しない。 (^{25}　　　　　)が起こりやすい。 (^{26}　　　　　)でとけやすい。
		ナイロン	伸びやすい。 日光で(^{18}　　　　　)する。	
		19	(^{20}　　　　　)に似た風合いを持つ。 (^{21}　　　　　)が高い。	
		ポリウレタン	(^{22}　　　　　)が優れている。 塩素系漂白剤に弱い。	

★★織物の三原組織についてそれぞれの織り方に色を塗り，特徴と用途をまとめよう。

三原組織	(^{27}　　　　　)	(^{30}　　　　　)	(^{33}　　　　　)
特徴	28	31	34
用途	29	32	35

4 衣服素材の性能と改善

教 p.144〜145

▶次の衣服のうち，知っているものにチェックしよう。

□保温性のある下着　　　　　　　　□汗をよく吸収する下着

□透湿性のあるスポーツウェア　　　□撥水性の高い，水の抵抗を減らした水着

1 衣服素材の性能

教 p.144

★★それぞれの衣服素材の性能とその説明と線で結ぼう。

保温性 ① •　　　　　　　　　• ア．液体の水分を吸収する能力

通気性 ② •　　　　　　　　　• イ．暖かさを保つ能力

吸湿性 ③ •　　　　　　　　　• ウ．布が伸び縮みする能力

吸水性 ④ •　　　　　　　　　• エ．気体の水分を吸収する能力

透湿性 ⑤ •　　　　　　　　　• オ．空気が通過する能力

伸縮性 ⑥ •　　　　　　　　　• カ．毛玉のできやすさ，できにくさ

ピリング性 ⑦ •　　　　　　　　• キ．水蒸気が透過する能力

防しわ性 ⑧ •　　　　　　　　　• ク．しわのできやすさ，できにくさ

燃焼性 ⑨ •　　　　　　　　　• ケ．紫外線の通しやすさ，通しにくさ

帯電性 ⑩ •　　　　　　　　　• コ．静電気の起こりやすさ，起こりにくさ

紫外線しゃへい性 ⑪ •　　　　　• サ．燃えやすさ，燃えにくさ

2 衣服素材の改善

教 p.144〜145

★繊維の加工についてまとめよう。

名　称	目　的	加工する繊維製品例
(¹　　　　　)加工	洗濯によるしわを防ぐ。	ワイシャツ，夏用スーツ
(²　　　　　)加工	水蒸気を通すが水滴は通さない。	レインコート，スキーウェア
(³　　　　　)加工	燃えにくくする。	カーテン，作業着，カーペット
(⁴　　　　　)加工	吸水性を持つが，放湿性にも優れている。	Tシャツ

NOTE

NOTE

5 衣生活の計画と購入

教 p.146〜147

▶**衣服を購入する際，次の点についてチェックしているだろうか。**

☐ 色やデザインが自分に合うか考える。

☐ サイズが自分に合うか試着する。

☐ 価格は予算に合っているか考える。

☐ 手入れのしやすさを考える。

1 衣服の選択・購入

教 p.146

★資源や地球環境への配慮も考えながら，衣服の入手から (¹　　　　　　)・(²
　　　　　　)・処分まで衣生活の計画を立てる。新しく衣服を購入する際には，色や (³
　　　　　　)・形などの (⁴　　　　　　　　) だけでなく，(⁵　　　　　　) や仕立て方を確かめ
たり，(⁶　　　　　　) をしてサイズや (⁷　　　　　　　　) などを確かめたりしてから
目的に合った衣服を購入する。

★★1　衣服の入手のポイントをXチャートでまとめてみよう。

シンキングツール

Xチャート

4つの特性や視点を設定して，それにあてはまるものを書いていくことで，分類したり，多面的に考えたりできるようになろう。

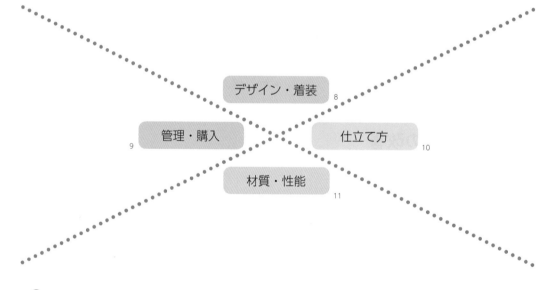

デザイン・着装 ⁸

管理・購入 ⁹

仕立て方 ¹⁰

材質・性能 ¹¹

2 表示の確認

教 p.146〜147

★購入した衣服には，(¹²　　　　　　　　　　　) という法律にもとづき，繊維
の (¹³　　　　　　　) や，洗濯などのための (¹⁴　　　　　　　　) がついている。
他にもサイズ表示や原産国表示，業界団体などの基準による品質保証マークや注意表示，
(¹⁵　　　　　　) 表示などがある。取扱い表示は，(¹⁶　　　　　) 洗濯・
(¹⁷　　　　　　)・乾燥・(¹⁸　　　　　　　)・商業洗濯の並び順で表示されていて，
記号だけでは伝えられない情報は，付記用語として記載されている。

★ 1　次にあげた取扱い表示の記号の意味を書いてみよう。

19	20	21
22	23	24

★★★ 深ぼり **WORK** 服から読み取ることができる情報は？

1 あなたは服を買う時，何を条件にしているだろうか。

自分の意見　　　　　　　　　　　　　　隣の人やグループでの意見

2 持っている服について，情報を調べてみよう。

自分の着ている衣服の組成表示や取扱い表示を書き出してみよう。

表示　　　　　　　　　　　　　　　　　書き出した表示の内容を調べてみよう。

3 今後，どのような表示のついている服を選ぶか考えよう。

自分の意見　　　　　　　　　　　　　　隣の人やグループでの意見

教 p.148〜149

6 衣服の管理

> ▶毛（ウール100％）のセーターを洗うのに適した洗剤に〇をつけよう。
>
> （　　）通常の合成洗剤　　（　　）柔軟剤　　（　　）中性洗剤

1 洗濯の種類と方法

教 p.148

★1　湿式洗濯と乾式洗濯の特徴についてまとめよう。

	湿式洗濯（水洗い）	乾式洗濯（有機溶剤）
特　長	●（¹　　　　　　　　）を使う。 ●（²　　　　　　　　）の汚れがよく落ちる。	●（⁵　　　　　　　　）を使う。 ●（⁶　　　　　　　　）の汚れがよく落ちる。 ●（⁷　　　　　　　），寸法変化，色落ちが起こりにくい。
注意点	●羊毛製品などで（³　　　　　　　），型崩れ，（⁴　　　　　　　）などが起こる場合がある。	●（⁸　　　　　　　　）の汚れは落ちにくい。 ●（⁹　　　　　　　　）しやすい。 ●プリントや付属品が剥がれたり溶解する場合がある。

★2　商業洗濯を利用する際に留意することについて，正しければ〇，間違っていれば×をつけよう。

①特殊なボタンははずさないほうがよい。　　　　　　　　　　　　　　（　　　　）

②しみや汚れ，傷のついている箇所を伝える。　　　　　　　　　　　　（　　　　）

③スーツやアンサンブル，共布の付属品はセットで出さない。　　　　　（　　　　）

④受け取り時に，しみや汚れが落ちているか，クリーニング店の人と確認する。（　　　　）

⑤受け取り後，ビニール包装に入れたまま保管する。　　　　　　　　　（　　　　）

NOTE

2 洗剤のはたらき 　　教 p.149

★洗濯には洗濯用洗剤が使用される。洗剤の主成分である（¹⁰　　　　　　）は，
（¹¹　　　　　　）と（¹²　　　　　　）からなる。助剤として（¹³　　　　　　）
や水軟化剤，再付着防止剤，漂白剤，蛍光増白剤，（¹⁴　　　　　　）などが配合されて
いるものもある。洗剤の作用に洗濯機や手洗いによる力が加わり，汚れが除去される。
洗濯用洗剤は，（10）の種類と割合によって分類され，成分や特徴が異なる。用途や目的
に合わせて使用する。

★1　下図は界面活性剤の汚れを落とす過程を示している。上の空欄にあてはまる語句を
記入し，また下の空欄にはそれぞれの説明として適切なものを下から選び，記号で答えよ
う。

（¹⁵　　　　　　）　（¹⁶　　　　　　）　（¹⁷　　　　　　）

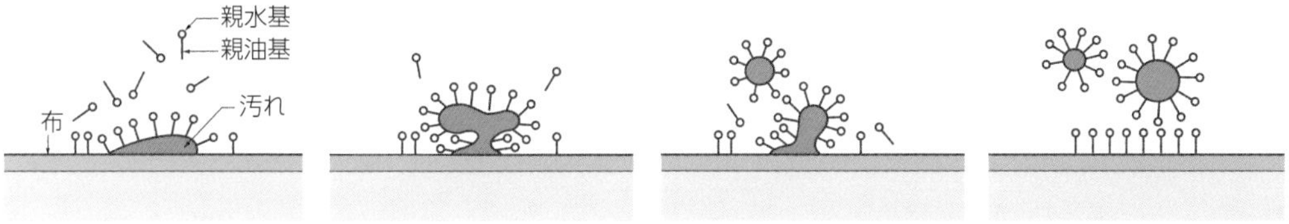

親水基
親油基
布
汚れ

（¹⁸　　　）　　　　（¹⁹　　　）　　　　（²⁰　　　）　　　　（²¹　　　）

ア．界面活性剤が汚れと洗濯物との間に入る。
イ．界面活性剤の親油基が汚れの表面に吸着する。
ウ．汚れが再び洗濯物に付着するのを防ぐ。
エ．汚れは少しずつ水中に取り出され，細分化される。

★★2　次の文は，それぞれ合成洗剤または石けんの特徴を述べたものである。合成洗剤
の特徴にはＡ，石けんの特徴にはＢを書き入れよう。

①主に洗濯機での洗濯に用いる。……………………………（　　　）

②低温でも溶けやすく，洗浄力が大きい。…………………（　　　）

③硬水中では石けんかすができる。…………………………（　　　）

④液性は弱アルカリ性で，高温での洗浄力が高い。………（　　　）

⑤中性洗剤は毛・絹などを風合いよく仕上げる。…………（　　　）

NOTE

NOTE

7 家庭での洗濯・保管

教 p.150～151

▶自分の家にある洗濯用洗剤を調べ記入してみよう。

見た目

品名：

液性：

用途：

成分：

1 家庭での洗濯

教 p.150

★★洗濯機の種類と特徴をまとめよう。

たて型渦巻式	ドラム式
1	2

2 漂白と増白　　3 仕上げと保管

教 p.151

★1　次の仕上げの効果についてそれぞれまとめよう。

漂　　白 3

蛍光増白 4

★★2　1以外の仕上げについて種類や目的や効果を調べてみよう。また，家ではどんな仕上げをしているだろうか。どのように保管しているだろうか。

8 持続可能な衣生活をつくる

教 p.152〜153

▶不要になった衣服をどのようにしているか，あてはまるものにチェックしよう。
- □ リメイクして他の着ものや小物にする。　□ その他
- □ リサイクルショップで買い取ってもらう。
- □ フリーマーケットで売買する。

1 環境に配慮した衣生活
教 p.152

★衣服は，生産から（¹　　　）・廃棄までの段階で多くの（²　　　）やエネルギーを使用する。私たちは，2015 年に国連で採択された「持続可能な開発目標（（³　　　））」や（⁴　　　）消費の重要性を認識し，一人ひとりが環境負荷の削減をめざし，（⁵　　　）へ向けて衣生活を見直していく必要がある。

★★1　BOD負荷量についてまとめよう。
BOD負荷量とは……
6

●生活排水中のBOD負荷量を構成しているものをグラフ内に記入しよう。

2 衣生活の再資源化
教 p.152

★衣服の再資源化は，（¹¹　　　）（再生利用）と（¹²　　　）（再使用）が中心に行われている。リサイクルの例として，（¹³　　　）リサイクルや（¹⁴　　　）リサイクルなどがある。また，着用しなくなった衣類をアパレルメーカーで回収して海外で活用したり，売って（¹⁵　　　）として再使用したりする活動が行われている。

NOTE

107

3 国際化する衣生活

教 p.153

★★日本の衣類はほとんどが輸入品である。生産コストが安い国で生産するため，2006年と2020年では輸入国が大きく変化している。次のグラフにあてはまる国名を記入しよう。

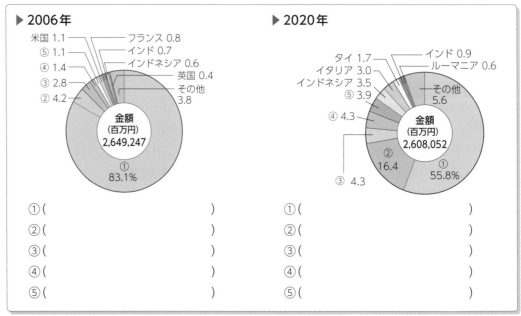

▶ 2006年

米国 1.1
⑤ 1.1
④ 1.4
③ 2.8
② 4.2
フランス 0.8
インド 0.7
インドネシア 0.6
英国 0.4
その他 3.8
金額（百万円）2,649,247
① 83.1%

▶ 2020年

タイ 1.7
イタリア 3.0
インドネシア 3.5
⑤ 3.9
④ 4.3
③ 4.3
② 16.4
インド 0.9
ルーマニア 0.6
その他 5.6
金額（百万円）2,608,052
① 55.8%

① (　　　　　　　　　　)　　① (　　　　　　　　　　)
② (　　　　　　　　　　)　　② (　　　　　　　　　　)
③ (　　　　　　　　　　)　　③ (　　　　　　　　　　)
④ (　　　　　　　　　　)　　④ (　　　　　　　　　　)
⑤ (　　　　　　　　　　)　　⑤ (　　　　　　　　　　)

日本繊維輸入組合「日本貿易統計」による

★★★ 深ぼりWORK ファストファッション

1 あなたの知っているファストファッションにはどのようなものがあるだろうか。

2 ファストファッションの問題点を考えよう。

自分の意見　　　　　　　　　　　隣の人やグループでの意見

3 商品を選ぶ際に心がけなければいけないことは何だろうか。エシカルファッションの視点から衣服の購入を考えてみよう。

自分の意見　　　　　　　　　　　隣の人やグループでの意見

被服実習の記録

作品名

予定	製作工程	反省・感想・次回目標	自己評価	検印
／				
／				
／				
／				
／				
／				
／				
／				
／				
／				
／				
／				

提出時の自己評価

計画進度　A—B—C

できばえ　A—B—C

製作意欲　A—B—C

創意工夫　A—B—C

教師の評価

＊自己評価　A—よくできた　B—ふつう　C—あと一歩

実践コーナー1　自分に合ったサイズのリクルートスーツを購入しよう

1 サイズを正確にはかり，下表に自分のサイズを記入しよう。

採寸項目	自分のサイズ
胸囲　女性［バスト］　男性［チェスト］	
胴囲［ウエスト］	
腰囲［ヒップ］	
背肩幅	
そでたけ	
背たけ	

2 既製服のサイズ表示の意味を知り，自分に合うサイズ表示を特定しよう。

3 リクルートスーツの購入のために自分のサイズを分類して記入しよう（自分の性別以外は，標準サイズの分類を記入しておく）。

成人男性	成人女性
サイズ チェスト： ウエスト： 身　長： チェスト・体型区分・身長区分：	サイズ バスト： ヒップ： 身　長： バスト区分・体型区分・身長区分：

実践コーナー2　着装の工夫を"コラージュ"で表現しよう！

いつ，どこで，だれと，何をしている場面？　着装のPRポイントを書こう。

雑誌などの切り抜きを貼り，コメントを記入して補足説明をしよう。

A：できた　B：まあまあできた　C：あまりできなかった　D：できなかった

[評価をしよう]

1　TPOに応じた着装になっているか。　　　　　　　　　　　　　　　　　　　　　　　　A・B・C・D

2　自分の好みを服飾(服，靴，バッグ，アクセサリーなどの小物)で表現できたか。　　　A・B・C・D

3　健康的で，快適・機能的な着装の工夫はできたか(繊維の特徴，生地の機能性や特性を　A・B・C・D
　　いかせたか)。

制作の過程で考えたこと，感じたこと，できあがりの感想などを書こう。

実践コーナー4　界面活性剤のはたらきを確かめよう

実験結果をまとめよう。

1 浸透作用

Aのようす	Bのようす

2 乳化作用

Aのようす	Bのようす

3 分散作用

A'のようす	B'のようす

4 再付着防止作用

A'のようす	B'のようす

4つの実験結果から，洗濯・洗剤について，気づいたことや考えたことをまとめよう。

1	衣服を着た時に，からだと衣服の間にできる空気層。	1
2	Time（時），Place（場所），Occasion（場合）に応じた服装や言葉遣い。	2
3	衣服をさわった時の肌ざわりなどの感覚で，布表面の粗さや伸びやすさなどと関係する。	3
4	年齢や身体能力にかかわりなく，すべての生活者に対して適合するデザイン。	4
5	自然の動植物などを利用した繊維。	5
6	綿や木材から得られるセルロースを原料とし，それを化学処理によって再生した繊維。	6
7	綿や木材から得られるセルロースを原料とし，それに化学物質を結合させてつくった繊維。	7
8	主に石油を原料として化学反応によってつくる繊維。	8
9	天然繊維のなかでは唯一の繊維が絹であり，その糸の長さは800m〜1500mともいわれるもの。	9
10	短繊維同士を混ぜること。	10
11	体表などから蒸発している水分（湿気）を吸い取る衣服の性能。	11
12	汗をかいた時に液体の水分を吸い取る衣服の性能。	12
13	家庭用品質表示法にもとづいて洗濯などのためについている衣服の表示。	13
14	水に耐久性のある素材の品物について，高温の50〜70℃の湯で，専用洗剤やアルカリ剤などを使って洗う商業洗濯。	14
15	本来水洗いできない衣類に，水を使って弱水流で洗い，仕上げを行う商業洗濯。	15
16	洗濯用洗剤の主成分。	16
17	付着した色素を化学的に分解し無色にすること。	17
18	青い光を発する染料を繊維につけて，繊維を白色に見えるようにすること。	18
19	短いサイクルで生産し，低価格で販売する衣料品。	19
20	生産者である開発途上国の原料や製品を，適正な価格で継続的に購入し，労働者の生活改善と自立をめざす貿易のしくみ。	20

NOTE

NOTE

第7章 住生活をつくる

住生活について，あなたはどんな考えを持っているだろう。何か実践していることがあるだろうか。現在の自分の生活のしかたについて，チェックしてみよう。

CHECK POINT

		YES	NO
1	部屋のなかは整理整頓されている。	☐	☐
2	通風や換気を心がけている。	☐	☐
3	住まいのなかに四季を表す空間をつくる工夫をし，年中行事を大切にしている。	☐	☐
4	夏には冷房を，冬には暖房をつけすぎないようにしている。	☐	☐
5	住まいの安全対策（防災・防犯など）を立てている。	☐	☐
6	だれもが暮らしやすい住まいを考えることができる。	☐	☐
7	近隣に住む人と，気軽にあいさつすることができる。	☐	☐
8	地域の行事に参加している。	☐	☐
9	自分の住むまちの住環境について，その問題点をいえる。	☐	☐
10	日常，省エネやリサイクルを心がけている。	☐	☐

将来，住みたい家

場所やお金や職業など気にせず，住んでみたい住居を絵や文章で表現してみよう。

NOTE

人と住まいのかかわり

教 p.164〜165

▶現在住んでいる自分の家の気に入っているところ，気に入らないところは何だろう。それぞれ書き出してみよう。

気に入っているところ：

気に入らないところ：

1　住まいの機能と住文化

教 p.164〜165

★★1　住まいの機能についてYチャートを使ってまとめてみよう。

シンキングツール

Yチャート
3つの特性や視点を設定して，それにあてはまるものを書いていくことで，分類したり，多面的に考えたりできるようになろう。

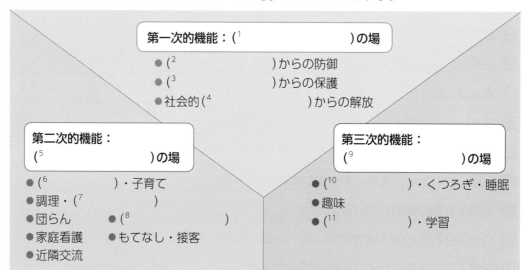

第一次的機能：(1　　　　　　　　)の場
● (2　　　　　　　　)からの防御
● (3　　　　　　　　)からの保護
● 社会的(4　　　　　　　)からの解放

第二次的機能：
(5　　　　　　　　)の場
● (6　　　　　　)・子育て
● 調理・(7　　　　　　　)
● 団らん　　● (8　　　　　　　)
● 家庭看護　● もてなし・接客
● 近隣交流

第三次的機能：
(9　　　　　　　　)の場
● (10　　　　　　)・くつろぎ・睡眠
● 趣味
● (11　　　　　　)・学習

★2　日本の伝統的な民家についてその特徴をまとめよう。

| 沖縄県 | 岐阜県・白川郷 |

12

13

2　生活様式と住まい

教 p.165

★次の言葉を説明しよう。

食寝分離：14

就寝分離：15

公私室分離：16

2 平面計画からみた住空間

教 p.166〜167

▶住まいに関する次の用語を知っているだろうか。

❶リビングルーム	知っている　・　知らない
❷間取り図	知っている　・　知らない
❸建ぺい率	知っている　・　知らない
❹リフォーム	知っている　・　知らない

1 平面図と間取り

教 p.166

★次に示す平面表示記号の意味を記入しよう。

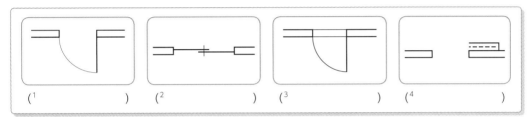

(¹　　　　　　)　(²　　　　　　)　(³　　　　　　)　(⁴　　　　　　)

2 生活行為と住まい

教 p.167

★★★次の平面図を教科書p.167 ❹を参考に色分けしよう。

個人の空間	☐	色
共同生活の空間	☐	色
家事の空間	☐	色
生理衛生の空間	☐	色

NOTE

3 ライフステージと住まいの計画

教 p.168〜169

> ▶あなたの家や周りにはどんなユニバーサルデザインのものがあるだろうか。探して書き出してみよう。

1 住まいの計画とユニバーサルデザイン

教 p.168

★次の言葉の意味をまとめよう。

●バリアフリー…[1]

●ユニバーサルデザイン…[2]

2 ライフステージと住まい

教 p.169

★★★ 深ぼりWORK ライフステージによる住み替え

1 それぞれのライフステージと住要求を記入しよう。

ライフステージ	住要求

2 集合住宅の暮らしと一戸建て住宅の暮らしについて，メリットとデメリットを書き出してみよう。

	メリット	デメリット
集合住宅		
一戸建て住宅		

3 高校を卒業したら，どのような住まい方を選びますか？　考えてみよう。

健康に配慮した住まい　教 p.170〜171

▶健康を考えた住まいには次のようなものがある。どんな点が優れているのか,考えてみよう。

珪藻土や漆喰を使用した
壁や天井

備長炭入り・ひのきチップ入り・
竹炭入りなどの畳

天然無垢材のフローリングや
建具

1 採光　教 p.170

★採光とは,（¹　　　　　）などから室内へ（²　　　　　）を取り入れることである。太陽の光は生体リズムとも関連が深く,（³　　　　　）な生活には住まいへの採光が欠かせない。日射は,季節・時刻により（⁴　　　　　）や（⁵　　　　　）が変化する。照明は,部屋の（⁶　　　　　）や（⁷　　　　　）によって必要な明るさが異なる。室内の雰囲気にも配慮するなど,部屋の（⁸　　　　　）に合わせて照明を使い分けるとよい。同じ明るさであれば,（⁹　　　　　）照明など,省エネタイプの照明器具にするとよい。

2 通風・換気と結露　教 p.170〜171

★★現代の住まいではなぜ通風・換気が必要なのか,また,どのように通風・換気を行っているか,まとめてみよう。

必要な理由：¹⁰	通風・換気方法：¹¹

3 騒音としゃ音　教 p.171

★★集合住宅等では騒音によるトラブルが起こりやすい。どのようなことに配慮する必要があるか,考えてみよう。また,騒音防止に効果があるものは何か,あげてみよう。

¹²

NOTE

5 安全な住まい

教 p.172〜173

▶高齢者に配慮した安全な住まいとはどのようなものだろうか（トイレ，階段，洋室，廊下，玄関など）。

....

....

....

1 自然災害と住まいと防災

教 p.172

★地震・噴火・（¹　　　　　　）・（²　　　　　　）などさまざまな自然災害に対し，都市や住まい，暮らしと命を守り，被害を少なくする（³　　　　　　）が必要である。自分自身で正確な情報や知識を得て，（⁴　　　　　　）と対策を考える必要がある。住宅の対策には，耐震化に加えて，（⁵　　　　　　）への備えが必要である。

2 人為的な災害と住まい

教 p.172〜173

★火災の死者数は，延べ数では（⁶　　　　　　　　）の被害より多い。住宅火災は夜半に多く，原因は放火や（⁷　　　　　　）などで，寝ていて逃げ遅れるケースが多い。住宅では，住宅用（⁸　　　　　　）の設置が義務化された。集合住宅や一般建築では，避難経路である廊下・（⁹　　　　　）や（¹⁰　　　　　　　　）を煙から守り，上階への拡散を防ぐため，（¹¹　　　　　）やシャッターが設置されている。

3 家庭内事故と安全対策

教 p.173

★★★家庭内における不慮の事故死は交通事故死よりはるかに多い。右のグラフからわかることをまとめよう。

①家庭内事故の主な死亡原因は何だろう。多いものを3つあげよう。

12

....

....

②家庭内事故死はどの年齢層に多いだろうか。

13

....

③事故を防ぐためにはどのような安全対策が必要だろうか。

家庭内事故死の原因別内訳

厚生労働省「人口動態統計(2021年)」による

14

6 持続可能な住まい

▶欧米先進国における住居の耐用年数が60〜80年と長寿命なのに比べて，日本の住居は平均30年ととても短命なことを知っていますか？　人にも地球にもやさしい「サスティナブル住宅」とは何か，考えてみよう。

1 住まいの維持・管理

教 p.176

★住まいに関する次の語句を調べよう。
- リノベーション…1

- エコマテリアル…2

2 環境にやさしい住まい

教 p.177

★住環境とは，住宅とその周囲にあるさまざまな施設や，(3　　　　　　　) や上下水道などの (4　　　　　　　)，緑地などの物的環境の他に，地域 (5　　　　　　　)のような人的環境も含む。暮らし方は，(6　　　　　　) を構成する要因の一部でもある。近年は地球環境問題が深刻化しており，持続可能な (7　　　　　　　) 社会に向けた住まい・まちづくりが求められる。

　住まいの建設・(8　　　　　　)・維持管理・解体・廃棄というライフサイクルの各ステージで，(9　　　　　) ・エネルギー消費を抑え，ごみや (10　　　　　　) の排出量を削減させることが，(11　　　　　　) の実現につながる。

NOTE

7 これからの住まい

教 p.178〜179

▶さまざまな共生住宅のなかでどのタイプに住みたいか選び，その理由も書いてみよう。

（　）コーポラティブ方式　　　（　）シェアハウス　　　（　）コレクティブハウジング

理由：

1 共生可能な住まい・まち

教 p.178〜179

★住生活の安定の確保や質の向上のため，(¹　　　　　　　)（2006年）が制定された。だれもが (²　　　　　) で (³　　　　　) で人間らしい居住の実現には，国や自治体の住宅政策のさらなる充実が求められる。

　暮らしやすいまちにするには，行政による法制度を活用した計画的な整備はもちろん，(⁴　　　　　) のまちづくりが大切である。(⁵　　　　　) 保存，(⁶　　　　　)，商店街の活性化，(⁷　　　　　) 支援など，地域によって課題はさまざまだが，だれもが安心して暮らせるまちをめざすことは共通の目標だ。

★★★ 深ぼり WORK あなたは賃貸派? それとも持ち家派?

①将来どんな家に住みたいか考えてみよう。

②賃貸住宅と持ち家のメリット・デメリット，かかる費用の違いについて，話しあってみよう。

	メリット	デメリット
賃貸住宅		
持ち家		

③借りるか買うかどちらかを選び，その理由も考えてみよう。　（借りる・買う）

理由：

④現代のさまざまな住まい方を知り，ライフスタイルと住まい方について考えてみよう。

教 p.180

実践コーナー1　ひとり暮らしをするなら

1　住まいを選ぶ時に，あなたが大切だと感じるものをチェックしよう。

☐ 駅からの距離が近く，交通が便利である

☐ 買い物がしやすい店が近くにある

☐ 地域の防犯・防災対策

☐ まちなみが美しい

☐ 病院が近くにある

☐ 公園が近くにある

☐ 図書館が近くにある

☐ 家賃など，1か月に必要な金額

☐ 住まいのセキュリティ
（オートロック，テレビモニターホン，防犯カメラなど）

☐ 部屋の間取りや方角

☐ 周辺環境の音やにおい

☐ エレベーターがある

☐ その他（　　　　　　　　　　）

2　不動産広告を見てわかることを確認しよう。

賃　料：5.5万円

管理費・共益費：2,000円

敷　金：1か月分

礼　金：1.5か月分

間取り：1K 14.9m²

　築　：15年

3階建ての2階202号室，オートロック，南向きで日当たり良好，ユニットバス

東京都○×市○×2丁目

○×線○×駅徒歩12分

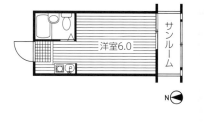

問い合わせ先：○○会社 TEL：03-○○○○-○○××

部屋の窓の方角や間取り	窓の方角： 間取り：	
契約時に支払うお金	計算式：	（　　　　　　　）円
毎月支払うお金	計算式：	（　　　　　　　）円
付帯設備		
この他，あったらよいと思うものを話しあってみよう。		

実践コーナー2　ひとり暮らしのレイアウトやコーディネートを考えよう

下図にキッチン・浴室・トイレ・玄関などをレイアウトをして，色を塗ってコーディネートをしてみよう。

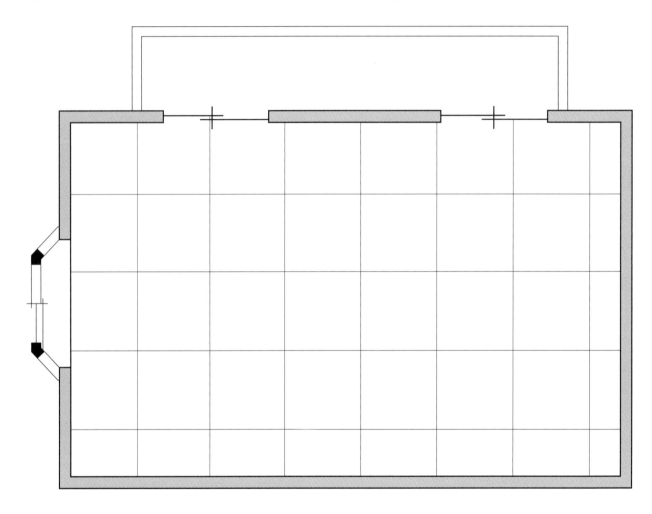

制作の過程で考えたこと，工夫した点など感想をまとめよう。

実践コーナー3　人にやさしいバリアフリーを考える

1　私たちが生活に必要な寸法を測ってみよう。

私の寸法　　　　　　　　　　　　　　　　　　　　　　　　　　　　　　　　　　　　　　　（単位cm）

1 肩幅		4 床から肩までの高さ	
2 両手を広げた幅		5 座って手をのばして肩まで上げた高さ	
3 片手をのばして肩まで上げた時の肩から指先までの長さ		6 座った時の，膝から背中までの前後の幅	

2　学校内の寸法を測ってみよう。

学校内の寸法　　　　　　　　　　　　　　　　　　　　　　　　　　　　　　　　　　　　　（単位cm）

測る物・箇所	高さ	幅	その他のチェック項目
1 机			座って作業しやすい高さか
2 椅子			座った時に足の裏が床につくか
3 教室の出入口			2人がすれ違う幅があるか
4 廊下			
5 調理台			高さは適当か
6 手すりの高さ(廊下や階段)			

3　学校内のバリアとバリアフリーをチェックしよう。

バリアフリーのチェックポイント

チェック項目	チェック
1 階段，廊下に，手すりがついているか	
2 部屋の扉の開閉がしやすく，幅は80cm以上確保されているか	
3 トイレに手すりがついているか，車椅子が回転できるスペースがあるか	
4 床材などはすべりにくく，つまずくような段差はないか	
5 出入口や廊下は車椅子でも通行できる幅を満たしているか	
6 廊下の壁に，危険な突出がないか	
7 建物から屋外へ出る時の段差はないか	
8 屋外はすべりにくく，なめらかな地面になっているか	
9 手洗い場や冷水器などの高さは適当か	
10 エレベーターの入り口には，車椅子が回転できるスペースがあるか	
11 エレベーターの操作盤の高さ，鏡の設置位置は適切か	
12 自動販売機の操作や取り出しはしやすいか	

1　食事室と寝室とを分けること。　　　　　　　　　　　　　　　1

2　プライバシー保護の観点から，夫婦と子，子の性別によって寝室を分けること。　2

3　食事や団らん，接客の場となる公室と，就寝する私室とを明確に分けること。　3

4　設計図の一つ。空間を床から 1 m 程度の高さで切断したと仮定し，それを真上から見た図。　4

5　建築空間の内部，または外部から内部における人や物の動きの軌跡。　5

6　さまざまな属性の利用者が社会活動に参加できるよう，アクセシビリティの公平性を保つためにバリアをなくすこと。　6

7　多様な利用者や状況に対応できる環境の実現をめざすデザイン。　7

8　窓などから室内へ光を取り入れること。　8

9　風または室内外の温度差を利用して自然に外気と室内の空気を入れ替える換気方法。　9

10　キッチンや風呂・トイレなどで換気扇を使って空気を外へ排出する換気方法。　10

11　湿度の高い室内の窓や壁内で起こる。かびが発生しやすい。　11

12　防災における公的な救援。　12

13　防災において公助が届くまでの期間に自分で生き延びられるよう準備をすること。　13

14　浴室やトイレなど，共同空間であると同時にプライバシーを必要とする空間。　14

15　建材に使用された接着剤などから化学物質が揮発し，室内空気が汚染されアレルギー症状が現れるもの。　15

16　新築時よりも性能を向上させたり，使いやすさを改善したりして，新しい価値をつくり出す改修。　16

17　優れた特性・機能を持ちながら，より少ない環境負荷で製造・使用・リサイクルまたは廃棄ができ，人にも優しい材料。　17

18　軒の出や窓の配置のような建物の構造や材料などの工夫により，自然エネルギーを最大限に活用・調整するデザイン。　18

19　一つの住居を血縁関係のない複数の人々で共有して暮らす賃貸住宅。　19

20　独立した専用住戸（トイレ・浴室・キッチン付）の他に，共同の食堂や居間・保育室などの共用空間を持ち，生活の一部を共同化する集合住宅。　20

NOTE

NOTE

第8章 経済的に自立する

みなさんもやがて，保護者の手を離れ自分の力で生きて行かなくてはならない。将来の夢は？　どんな仕事に就くつもり？　自己実現は，しっかりと自己と社会を見つめ，確かな生活設計を立てることから始まる。

下のチェックポイントは，自分自身の力で生活するためのアドバイスを含んでいる。チェックポイントを読みながらこれからの生活に役立てよう。

CHECK POINT

		YES	NO
1	家計簿（小遣い帳）をつけている。	☐	☐
2	自分名義の預金口座があり，預金残高を知っている。	☐	☐
3	計画的に貯蓄することが大切だと考えている。	☐	☐
4	生活に必要な費用（収入と支出）を大まかに想定している。	☐	☐
5	携帯電話の通信料金は小遣いの範囲内の一定額に抑えている。	☐	☐
6	生活必需品（米・トイレットペーパーなど）のおおよその値段を知っている。	☐	☐
7	社会保険の種類とその内容について簡単に説明できる。	☐	☐
8	金融商品の種類とその内容について簡単に説明できる。	☐	☐
9	自分の将来を計画し，具体的にイメージできる。	☐	☐
10	企業の経営方針や活動，またその収益や運用などに興味・関心がある。	☐	☐

ひとり暮らしについて

ひとり暮らしのよいところや，不安に思うところについて考えてみよう。

よいところ	不安に思うところ

教 p.184〜185

1 日々の収入・支出を把握する

▶あなたは1か月間，何にどのくらいお金を使っているだろうか。		合計（		）円	
交通費	円	飲食費	円	趣味・娯楽費	円
携帯電話代	円	洋服・靴代	円	その他	円

1 暮らしと家計

教 p.184

★★1　家計の構成について，（　）にあてはまる言葉を書き，具体例と線で結ぼう。

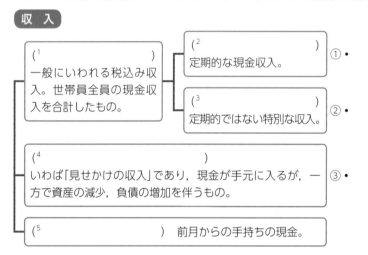

【収　入】

（¹　　　　　　　）
一般にいわれる税込み収入。世帯員全員の現金収入を合計したもの。

（²　　　　　　　）
定期的な現金収入。　①・

（³　　　　　　　）
定期的ではない特別な収入。　②・

（⁴　　　　　　　）
いわば「見せかけの収入」であり，現金が手元に入るが，一方で資産の減少，負債の増加を伴うもの。　③・

（⁵　　　　　　　）　前月からの手持ちの現金。

【具体例】

・ア｜預貯金引き出し，保険受け取り金，有価証券売却，借入金，割賦　など

・イ｜勤め先収入，事業収入，内職収入，財産収入，社会保障給付，仕送り金　など

・ウ｜受贈金　など

・エ｜勤労所得税，社会保険料，他の税

【支　出】

（⁶　　　　　　　）
「消費支出」と「非消費支出」を合計した支出。

（⁷　　　　　　　）
日常生活を送るために必要な現金支出。　④・

（⁸　　　　　　　）
社会保険料と直接税のための支出。　⑤・

（⁹　　　　　　　）
いわば「見せかけの支出」であり，手元から現金が支出されるが，一方で資産の増加あるいは負債の減少を伴うもの。　⑥・

（¹⁰　　　　　　　）翌月への手持ちの現金。

・オ｜食料，住居，光熱・水道，家具・家事用品，被服および履物，保健医療，教育，交通・通信，教養娯楽　など

・カ｜預貯金，保険掛け金，借金返済，割賦払い，有価証券購入，財産購入　など

2 生活に必要な費用と管理

教 p.185

★（¹¹　　　　　　　）＝実収入から非消費支出を引いたもの。

2 社会と家計の変化

教 p.186〜187

▶毎月ではなく，急きょ必要とされる支出として，どのようなものが考えられるだろうか。

....

....

★消費支出に占める食料費の割合（（¹　　　　　　　　　）係数）は，1970年ころは，平均して約（²　　　　　　）％であったが，現在は約（³　　　　　　）％になっている。

★★ 1　今日の家計の特徴を3つあげてみよう。

・（⁴　　　　　　　　　）：インターネットや携帯電話の普及により交通・通信費の割合が増加した。

・（⁵　　　　　　　　　）：共働き世帯が増加し，世帯構成員がそれぞれ収入を得てお金を使う。

・（⁶　　　　　　　　　　）：物よりもサービスを購入する傾向にある。

★★★ 深ぼりWORK 給与はいくら？ どう使う？

教科書p.187❸を見て，次の問いに答えよう。

1 ①控除総額＝社会保険料＋税金　　　＝（⁷　　　　　　　）円
　②差引支給額（手取り収入※）＝総支給額−①＝（⁸　　　　　　　）円
　※差引支給額（手取り収入）とは可処分所得のこと。

2 基本給に加えられた支給（各種手当）
（⁹　　　　　　　　　　　　　　　　　　　　　　　　　　　　　　）

3 控除項目と内容

社会保険料	10	病気やけがに備える。	税金	14　　税	国から課税。総支給額，社会保険料等から計算。
	11	老齢・傷病・障がい・死亡に備える。			
	12	失業などに備える。		15　　税	地方公共団体から課税。前年の所得をもとに計算。
	13	介護に備える。			

4 教科書p.187❹❺を参考に自分の生活を想定して，初任給を項目に振り分けてみよう。

	住居費	食費	貯蓄	通信費	交通費	その他	合計
支出割合(%)							100%
金額(円)							

5 突発的な出費に備える方法について，座標軸を使ってアイデアを出そう。

他人や地域，国の助けが必要

すぐにできる ← → 時間がかかる

自分でできる

シンキングツール

座標軸
ものごとを2つの軸・観点で整理してみよう。

NOTE

教 p.188〜189

3 長期的な経済計画を立てる

> ▶貯蓄や保険は，どのような時に役に立つだろうか？
>
> ❶貯蓄…
>
> ❷保険…

1 人生設計と経済計画

教 p.188

★★ライフイベントには多くの費用がかかる。5年後に実現したいライフイベントを1つ考え，そのライフイベント実現に必要なおよその費用と，その費用のために貯蓄する月々の金額を算出してみよう。

例）10年後に360万円の結婚式を挙げる ➡ 360万円÷（12か月×10年）＝3万円

ライフイベント例：（　　）内は費用の目安				
海外旅行	結婚式	自動車購入	住宅購入	出産
(10〜50万円)	(100〜300万円)	(50〜500万円)	(1000万〜5000万円)	(50〜100万円)

5年後には是非実現したいライフイベント（　　　　　　）その費用（およそ　　　　　　円）
5年間で目標の費用を貯蓄するための月々の貯蓄額　　　　　　　（　　　　　　円）

2 資産運用

教 p.188〜189

シンキングツール

Yチャート

3つの特性や視点を設定して，それにあてはまるものを書いていくことで，分類したり，多面的に考えたりできるようになろう。

★★1　金融商品の3つ条件をYチャートの⬚に記入しよう。さらに下記の金融商品を，Yチャート中の条件に分け，（）に記号で答えよう（同じ記号を何度選んでもよい）。

ア．株券　　　　イ．元本保証型個人年金
ウ．定期預金　　エ．投資信託の一部
オ．普通預金

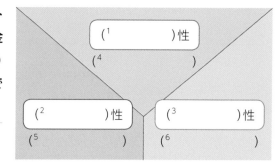

(¹　　　　　　)性
(⁴　　　　　　)
(²　　　　　　)性
(⁵　　　　　　)
(³　　　　　　)性
(⁶　　　　　　)

★★2　教科書p.189❹を参考に，次のようなリスクに備えるために加入する民間保険の種類を答えよう。

入院，手術をした。 (⁷　　　　　)保険	買い物中誤って商品を破損。 (⁸　　　　　) 保険	青信号の横断歩道を歩行中に車にはねられてけがをした。 (⁹　　　　　)保険
公的医療保険の対象外の治療を受ける。 (¹⁰　　　　　)保険	火災や風水害による損害を補填する。 (¹¹　　　　　)保険	商品により，保障の対象が異なることがある。

4 経済のなかの家計

教 p190〜191

NOTE

> ▶あなたの金銭管理能力をチェックしてみよう。YESが多い人ほど金銭管理能力の高い人です。
>
> ❶自分の収入（小遣い，臨時収入等の合計）の残高をしっかり記憶している。… YES ・ NO
>
> ❷毎月の使った金額を記録している。……………………………………… YES ・ NO
>
> ❸判断に必要な情報を集め，一番よいものを選択して買い物している。……… YES ・ NO
>
> ❹手間，栄養，価格を総合的に考えて，内食・中食・外食を決めている。……… YES ・ NO
>
> ❺自分の将来のために毎月貯金をしている。…………………………… YES ・ NO
>
> ❻クレジットカード利用のメリット，デメリットを知っている。……………… YES ・ NO
>
> ❼緊急事態に備えてお金を準備している。……………………………… YES ・ NO
>
> ❽お金の預け先は，利率等を考えて選択しようと考えている。……………… YES ・ NO
>
> ❾自分を高めるお金の使い方（資格取得など）をしたいと考えている。……… YES ・ NO
>
> ❿日本や世界の経済の動きに関心を持っている。……………………… YES ・ NO

1 家計と経済の関係

教 p.190

家計と国民経済・国際経済の関係

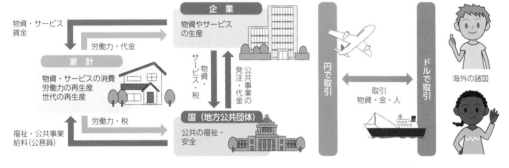

★（¹　　　　　　）は，社会における経済活動の基礎単位であり，（²　　　　　　）および（³　　　　　　）（国・地方公共団体）と共に（⁴　　　　　　）経済を構成しており，三者間では金銭や物資，労働力などのやりとりがなされている。

国民経済は，（⁵　　　　　　）経済ともつながりがある。例えば，（⁶　　　　　　）（為替レート）の変動による円高や円安は輸出入に大きな影響を与え，日本国内の物価が高騰したり，下落したりする。国際的な経済のつながりを，経済の（⁷　　　　　　）という。

★★1　円高と円安について，次の表を完成させよう。

為替相場	円高／円安	為替相場の変動		購入価格	
1ドル＝100円 20ドルの洋服	⁸	1ドル＝120円	⁹　　　　円	高くなる	
	¹⁰	1ドル＝ 80円	¹¹　　　　円	安くなる	

第9章 消費行動を考える

現在の私たちの暮らしは，さまざまな物や情報があふれ，キャッシュレス化が進展し，大変便利になっている。

しかし，便利さと表裏一体の問題も多く存在し，成年年齢が引き下げられたことにより消費行動への責任は重く，一層注意が必要になった。

現在あなたが，どの程度消費に関する知識を持っているかチェックしてみよう。YESの多いほうが意識が高いといえる。

CHECK POINT

		YES	NO
1	物事を決める時，さまざまな情報を検討して意思決定している。	☐	☐
2	未成年者が契約する時，保護者の承諾がいることを知っている。	☐	☐
3	商品を購入する時は，十分に研究し，衝動買いしないよう気をつけている。	☐	☐
4	携帯電話・パソコン・キャッシュカード等の暗証番号選定には気をつけている。	☐	☐
5	携帯電話の通信料は一定額に抑えている。	☐	☐
6	インターネットショッピングのトラブルや悪質メールに気をつけている。	☐	☐
7	クレジットカードとキャッシュカードの違いを知っている。	☐	☐
8	「クーリング・オフ制度」について知っている。	☐	☐
9	ごみの分別方法を守り環境に配慮した生活を送っている。	☐	☐
10	消費者の行動と生活環境が密接につながっていることを理解している。	☐	☐

● カードを何枚持っているか。 [　　　] 枚

● カードをつくる時に答えた個人情報はどのような内容だったか。

● カードをつくってよかった点，心配な点は何か。

よかった点	心配な点

137

1 契約と主体的な消費行動

教 p.192～193

教 p.192～193

▶契約について，次の文が正しければ○，間違っていれば×をつけよう。

❶ □約束で契約書がなくても，契約は成立する。　　　　　　　　　（　　　）

❷ 代金を払い，商品を受け取った時点で契約が成立する。　　　　（　　　）

❸ レシートや領収証があり，未開封であれば返品や交換に必ず応じてもらえる。（　　　）

1 さまざまな契約

教 p.192

★教科書p.192 ❶を参考に，契約の名称を答えよう。

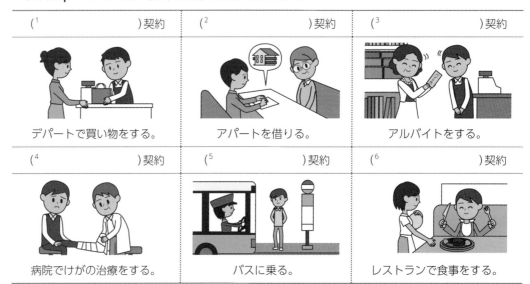

(¹　　　　　)契約	(²　　　　　)契約	(³　　　　　)契約
デパートで買い物をする。	アパートを借りる。	アルバイトをする。

(⁴　　　　　)契約	(⁵　　　　　)契約	(⁶　　　　　)契約
病院でけがの治療をする。	バスに乗る。	レストランで食事をする。

2 主体的な消費行動に向けて

教 p.193

★生活情報（消費者情報）について，情報源ごとにまとめよう。

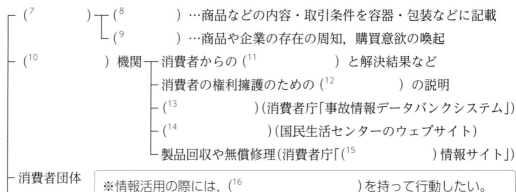

- (⁷　　　　) ┬ (⁸　　　　　)…商品などの内容・取引条件を容器・包装などに記載
  └ (⁹　　　　　)…商品や企業の存在の周知，購買意欲の喚起
- (¹⁰　　　　　) 機関 ┬ 消費者からの (¹¹　　　　　) と解決結果など
  ├ 消費者の権利擁護のための (¹²　　　　) の説明
  ├ (¹³　　　　　)(消費者庁「事故情報データバンクシステム」)
  ├ (¹⁴　　　　　)(国民生活センターのウェブサイト)
  └ 製品回収や無償修理(消費者庁「(¹⁵　　　　)情報サイト」)
- 消費者団体
- 専門機関
- 個人など

※情報活用の際には，(¹⁶　　　　　　　　)を持って行動したい。
ものごとに関心を持ち，多角的な視点で論理的にじっくり考えよう。

NOTE

2 多様化する販売方法と問題商法

教 p.194〜195

▶商品やサービスの購入の際，トラブルにあわないように気をつけていることを記入しよう。

1 多様化する販売方法

教 p.194

★1　（　）にあてはまる言葉を書こう。

・（1　　　　　　　　　）……店舗によらない販売。路上でのしつこい勧誘に注意。

・（2　　　　　　　　　）……放送や広告，カタログなどを見て注文し，商品を配達
してもらう販売方法。

★2　インターネットによる消費者トラブルについて，（　）にあてはまる言葉を書こう。

・（3　　　　　　　　　）請求……身に覚えのない請求がメールで届く。

　　　　　　　　　　　　　登録したサイト以外にも登録され，登録料を請求される。

　　　　　　　　　　　　　画像や年齢認証をクリックしただけで料金を請求される。

・（4　　　　　　　）購入……1回限りの「お試し」のつもりで注文したら定期購入だった。

・無料（5　　　　　　　　　　）……無料だと思っていたら，有料部分があった。

　　　　　　　　　　　　　個人情報を渡した人に，その後連絡がとれない。

・（6　　　　　　　　　）（競売）・（7　　　　　　　　　　　）（フリマ）

　……支払いや偽物をめぐるトラブルがあった。

　　　偽のオークション・サイトでIDやパスワードを盗まれた。

　　　ゲームアカウントを高値で取引し，アカウント停止措置を受けた。

★★★3　トラブルへの対処法として正しいものには○，間違っているものには×をつけ，その理由を考えてみよう。

こんな場合	答えと理由
17歳の高校生が年齢を18歳と偽ってネットショッピングで10万円のバッグを購入したが，未成年なので親が反対すればこの契約は取り消せる。	（8　　　　　） 理由：9
アクセスしていないのに，携帯電話の出会い系サイトから料金が請求された場合は，「使っていないから払わない」とメールを送っておくのがよい。	（10　　　　　） 理由：11
「ワン切り」の電話にリダイヤルで電話をかけ直してしまい，電話が数秒つながってしまった。すぐに切ったから情報料の支払い義務はない。	（12　　　　　） 理由：13
ネットショッピングで契約する時には，申し込み画面や相手からの承諾メールを印刷して，記録を残しておいたほうがよい。	（14　　　　　） 理由：15

★4　インターネット取引に役立つマークについて，（　　　）にあてはまる言葉を書こう。

 公益社団法人日本通信販売協会会員	(16　　　　　　　　　　　) 日本通信販売協会の正会員である事業者が使うことのできるマークであり，消費者にとっては信頼の目安となる。
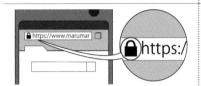	(17　　　　　　　　　　　) インターネット上でクレジットカード番号や個人情報を入力する際に，データを暗号化して送受信するしくみで，サーバからパソコン間での通信を安全に行うことができる。

2　問題商法への対処法

教 p.194〜195

★教科書p.194COLUMNやp.195❹❺を見て，問題商法の名称を答えよう。

18 不用品を買い取るといったのに貴金属を強引に安値で買い取られた！ 	19 勧誘電話があり，断ったにもかかわらず，商品が届いた。 	20 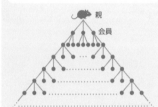 販売員が消費者に商品を売って組織に加入させ，販売員がねずみ算式に増えることで利益を得る。勧誘の過程で法に違反すれば，加害者として罰則の対象にもなる。
21 「受講すれば資格が取れる」などと勧誘し，高額な講座や教材を契約させる。資格取得ができず，支払いだけが残ってしまうケースも多い。 	22 「景品が当たった」などと，電話やはがきで喫茶店や営業所に呼び出し，商品・サービスを契約させる。 	
23 街頭で「アンケートに答えて…」「お肌を無料で診断しましょう」などと近づき，商品・サービスを契約させる。 	24 モニター募集や「無料サービス」などと誘い，高額商品・サービスを売りつける。 	25 街頭やインターネットなどで出会い，恋人のようにデートし，断りにくい状況で高額の商品を契約させる。
26 街中でのスカウトに加え，自らオーディションに申し込むなどして芸能事務所とタレント・モデルの契約を結んだ女性が，高額な入学金と月謝などを請求される。 	27 サイト業者に雇われたサクラ（偽の客）が，芸能人や弁護士などになりすましてサイトに誘導し，有料サービスを利用させて支払いを続けさせる。 	28 息子や孫といった家族を装い，電話などでお金を要求し，金融機関に振り込ませる。複数の犯人が，上司や同僚を名乗って急がせるなど，冷静さを失わせて，お金をだましとろうとする。

3 消費者を守る制度・法律

教 p.196〜199

教 p.196〜199

> ▶この契約は取り消せるだろうか？
>
> ❶確実にもうかる株があるといわれて買った株券。………………………………（　　　　）
>
> ❷購入して，少し使ってしまった化粧品。……………………………………（　　　　）
>
> ❸帰ろうとしても帰らせてくれずに，無理やり購入させられたペンダント。………（　　　　）
>
> ❹事故車と知らされずに格安で買った中古車。……………………………………（　　　　）

1 適切な契約のための制度・法律

教 p.196〜197

★★1　（　　）にあてはまる言葉を答えよう。

・（¹　　　　　　　　）法……不意打ち的な訪問や巧みな勧誘により，特に問題の起きやすい取引を対象としたルールを定めた法律。

・（²　　　　　　　　　　）制度……冷静に熟慮するため，消費者は，（³　　　　　　　）であれば，メールや（⁴　　　　　　　）（はがきなど）で通知することにより，（⁵　　　　　　　　）に契約申し込みの撤回や，契約解除ができる制度。

・（⁶　　　　　　　　）は，自らの意思で申し込み，考慮する時間もあるとみなされるため，クーリング・オフ制度はない。インターネット上のオークションやフリーマーケットは，主に利用者間の（⁷　　　　　　　　）であり，クーリング・オフ制度はない。

★★2　クーリング・オフ制度について，次の取引の種類を適用期間が8日間のもの・適用期間が20日間のもの・不適用のものに分けて記号で答えよう。

・適用期間が8日間のもの ……（⁸　　　　　　　　　　　　　　　　　）

・適用期間が20日間のもの……（⁹　　　　　　　　　　　　　　　　　）

・不適用のもの ………………（¹⁰　　　　　　　　　　　　　　　　　）

ア．訪問販売　　イ．ネットオークション　　ウ．連鎖販売取引（マルチ商法）

エ．特定継続的役務提供　　オ．業務提供誘引販売取引（内職・モニター商法）　　カ．フリーマーケット

キ．電話勧誘販売　　ク．訪問購入　　ケ．通信販売

★★3　クーリング・オフの通知方法について，（　　）にあてはまる言葉を答えよう。

・（¹¹　　　　　　　　）契約の場合は，販売会社とクレジット会社の両方に出す。

・通知した内容と日付がわかるデータや関係書類は，（¹²　　　）年間保管する。

・はがきの場合には証拠として（¹³　　　　　　　　）をとり，（¹⁴　　　　　　　）郵便や（¹⁵　　　　　　　）などで送る。

★消費者契約法は，（¹⁶　　　　　　　　　　）のもとで行われなかった消費者契約について，一定要件のもとで消費者が契約を（¹⁷　　　　　　　　　　　）こと，消費者に（¹⁸　　　　　　）な契約内容は（¹⁹　　　　　　　）とすることを定めている。

2 製品による事故と被害の救済 　教p.197

★（20　　　　　　　　　）（PL法：Product　Liability法）は，欠陥商品の事故による被害から消費者を救済するため，1994年に制定された。この法律では，欠陥商品の事故による損害賠償をすみやかに行うため，製品の欠陥さえ明らかにすればよいという考え方（（21　　　　　　　））を取り入れている。

★消費者の安全にかかわる制度について，（　　）にあてはまる言葉を答えよう。

(22　　　　　　　　　　　)	(23　　　　　　　　　　　)
乳幼児用・福祉用製品，家庭用品やスポーツ用品などについて，安全性や品質の基準に適合した製品につけられる。	(24　　　　　　　　　)の安全基準の検査（物理的・化学的特性など）に合格した製品につけられる。

🔍 ズームアップ　あなたは大丈夫!? 消費者トラブルに巻きこまれないために　教p.198

成年になると…？

★★未成年（17歳まで）の場合には，（25　　　　　　　　　　　　）があり，（26　　　　　　　）の同意を得ずに結んだ契約は，原則として取り消すことができる。

トラブルに巻きこまれた例を見てみよう。

★★若者から寄せられる相談内容では，「SNSをきっかけに（27　　　　　　　　　　）を購入したが，内容が説明と異なるうえに，もうからない」といったマルチ商法がある。情報商材は契約前に中身を確かめることができない。

トラブルに巻きこまれてしまったら…？

・都道府県や市区町村運営の（28　　　　　　　　　　　　　）の消費生活相談窓口
・（29　　　　　　　　　　　）「188（いやや）」（全国統一の電話番号）

ロールプレイング　不意打ちの勧誘にあなたならどうする？　教p.199

①業者A・業者B・高校生に分かれて，ロールプレイングをしてみよう。

②断りのセリフ
> 30

③なぜ店について行ってしまったの？
> 31

④業者の勧誘・説明の問題点
> 32

4 多様化する支払い方法

教 p.200〜201

▶18歳になったあなたが,「どうしても5万円の携帯電話が欲しい。でも, お金が足りない…」という場合, 次のどの選択を行うだろうか？

❶自分でお金をためてから買う。　　　（　）　　❷家族から借りる。　　　　　　（　）

❸クレジットカードで買う。　　　　　（　）　　❹当面はがまんする。　　　　　（　）

❺携帯会社の分割ローン支払いを利用する。（　）　　❻消費者金融会社から借りる。（　）

1 多様化する支払い方法

教 p.200

★1　（　）にあてはまる言葉を答えよう。

現金以外の方法が多様化し, (¹　　　　　　　　　　) 化が進んでいる。

① (²　　　　　　　　　　) …物やサービスの支払いをデジタルデータで行う。

　スマートフォン (スマホ) 決済

　・スマホをかざす方法…読み取り機 (リーダー) にスマホをかざして支払う。

　・コードを読み取る方法

　　[(³　　　　　　　) コード…スマホ画面に表示させ, 店舗の端末に読み取らせる。

　　(⁴　　　　　　　) コード…店頭に設置されたコードをスマホで読み取って支払う。

②IC (integrated circuit (集積回路)) カードの使用

　・(⁵　　　　　　　　) カード…事前に入金した範囲で支払う。

　・(⁶　　　　　　　　) カード…支払いと同時に銀行預金から代金が引き落とされる。

　・(⁷　　　　　　　　) カード…後日, 銀行の預金から代金が引き落とされる。

③暗号資産 ((⁸　　　　　　　)) …インターネット上の通貨。価値下落リスクも考慮が必要。

★2　クレジットカードを持つ場合の注意について, （　）にあてはまる言葉を答えよう。

●本当に (⁹　　　　　　) なものか考え, 欲しい物と必要な物の区別をつける。

● (¹⁰　　　　　　　　) を考えてから使用する。

●現金を借りる「(¹¹　　　　　　　　　)」機能がついている場合は, 気軽に借りない。

●紛失・盗難の際には, (¹²　　　　　　　　　　) にすぐ連絡する。

●家族や友だちに (¹³　　　　　　　　　　)。

●誕生日など, 推測されやすい数字を (¹⁴　　　　　　) にしない。

★3　消費者信用について, （　）にあてはまる言葉を答えよう。

(¹⁵　　　　　　　　) …個人の信用を担保にお金を借りること。

　・(¹⁶　　　　　　) (クレジット) …買い物をする時点で現金がなくても商品を
　　　　　　　　　　　　　　　　　　先に受け取り, 後で支払いをする。

　・(¹⁷　　　　　　) (ローン) ………お金を直接消費者に貸しつける。

2 多重債務への予防と対処

教 p.201

★★ **1** （　）にあてはまる言葉を答えよう。

・(^{18}　　　　　　　）…貸金業者や，貸金業者からの借入れについて定めている法律。

借入れ総額は，(^{19}　　　　）ローンなどは除き，年収の(^{20}　　　　　）までである。

・(^{21}　　　　　　）…お金を借りた場合に支払う利息について定めた法律。

★★ **2** 上限利息について答えよう。

①貸したお金が10万円未満の場合 ………………………………年（^{22}　　　　　）％まで

②貸したお金が10万円以上100万円未満の場合 ……………年（^{23}　　　　　）％まで

③貸したお金が100万円以上の場合 ………………………………年（^{24}　　　　　）％まで

★★ **3** 利息制限法による上限金利でお金を借りた場合の利息について，具体的に考えよう。

①1万円を1年間借りた場合……………利息年20％ ……利息は（^{25}　　　　）円

②10万円を1年間借りた場合 …………利息年18％ ……利息は（^{26}　　　　）円

③100万円を1年間借りた場合 ………利息年15％ ……利息は（^{27}　　　　）円

★★ **4** 教科書p.201 **5** を見て，クレジットやローンの返済方法を答えよう。

・(^{28}　　　　　　　）払い…1回で返す。利息なし。

・(^{29}　　　　　　　）払い…希望する回数で返す。

・(^{30}　　　　　　　）払い…毎月ほぼ一定の金額で返す。

★★ **5** 教科書p.201 **8** を見て，多重債務の解決法を答えよう。

・(^{31}　　　　　　　）…裁判をせずに，借金の減額などを貸金業者と話しあう。

・(^{32}　　　　　　　）…裁判所が貸金業者との間に入って，債務整理についての
合意を成立させる。

・(^{33}　　　　　　　）…裁判所が認めた実現可能な再生計画にそって返済する。
残りの借金は免除。

・(^{34}　　　　　　　）…裁判所で，財産と債務を清算するための手続きをとる。

★★★ 深ぼりWORK 借金の返済

1 教科書p.201 **6** の支払い総額の差額

［3回払い］－［一括払い］＝（^{35}　　　）円

［12回払い］－［一括払い］＝（^{36}　　　）円

［リボ払い］－［一括払い］＝（^{37}　　　）円

2 教科書p.201 **6** の完済年月

一括払い ………（^{38}　　　）か月

3回払い ………（^{39}　　　）か月

12回払い ………（^{40}　　　）か月

リボ払い ………（^{41}　　　）か月

3 次の言葉の意味は？

一括払い…（^{42}　　　　　　　　　）

分割払い…（^{43}　　　　　　　　　
　　　　　　　　　　　　　　　）

リボ払い…（^{44}　　　　　　　　　
　　　　　　　　　　　　　　　）

4 教科書p.201 **7** の金利15％－金利5％

差額（^{45}　　　　）円

5 消費者の権利と責任

教 p.202〜203

▶あなたが最近，テレビや新聞・Web上などで気になった消費者問題を記入してみよう。

1 消費者の権利を守るために

教 p.202

★1　（　）にあてはまる言葉を答えよう。

高度経済成長期以降の日本
- （¹　　　　　　　　　）の発達
- （²　　　　　　　　　）の広域化
- 大量（³　　　　　），大量（⁴　　　　　）

便利な消費生活が実現。

⬌

問題が多発。
- 商品やサービスの使用による消費者の（⁵　　　　　　　　　）
- （⁶　　　　　　　　　）にかかわる事件や事故
- 購入時の（⁷　　　　　　）問題

（⁸　　　　　　　　　　　　）…現代社会のなかで構造的に発生する消費者の健康・安全，暮らしの環境にかかわる問題。

（⁹　　　　　　　　　　　　）…消費者問題の解決や未然防止に向けて，消費者や消費者団体などが事業者や行政に問題提起をする活動。

★2　消費者関連の法律について，（　）にあてはまる言葉を答えよう。

- 1968年：（¹⁰　　　　　　　　　　　）…行政・事業者の責務と消費者の役割
  ↳国民生活センターと，都道府県や市町村に（¹¹　　　　　　　　　　）を設立
- 2004年：（¹²　　　　　　　　　　）…消費者の権利を尊重することを明記
- 2009年：（¹³　　　　　　　　）の発足…独立した立場で調査や審議
  - （¹⁴　　　　　　　　）の発足…政策策定，法律執行，情報集約と調査，勧告
  - （¹⁵　　　　　　　　）の制定

2 これからの消費者

教 p.203

★（¹⁶　　　　　　　　　　）（CI）が消費者の権利と責任を提唱。

8つの権利		5つの責任	
（¹⁷　　　　　　　　　　）が保障される権利		（²⁵　　　　　　）	
（¹⁸　　　　　　）である権利		（²⁶　　　　　　）	
（¹⁹　　　　　　）権利		（²⁷　　　　　　）	
（²⁰　　　　）権利		（²⁸　　　　　　）	
（²¹　　　　　　　　　　）権利		（²⁹　　　　　　）	
（²²　　　　　　）を受ける権利			
（²³　　　　　）を受ける権利			
（²⁴　　　　　　　　　　）権利			

NOTE

6 持続可能な社会の構築

教 p.204〜205

▶教科書p.204 COLUMNを読んで，地球温暖化の影響と対策をまとめよう。

影響：...

対策：...

1 海洋プラスチック問題

教 p.204

★（　　）にあてはまる言葉を答えよう。

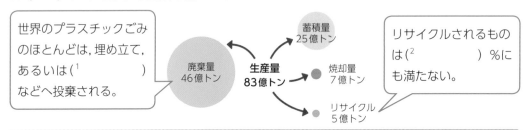

世界のプラスチックごみのほとんどは，埋め立て，あるいは（¹　　　　）などへ投棄される。

蓄積量
25億トン

廃棄量
46億トン

生産量
83億トン

焼却量
7億トン

リサイクル
5億トン

リサイクルされるものは（²　　　　）％にも満たない。

海にただようプラスチックごみ➡（³　　　　　　　　）への影響，景観の悪化，船舶航行の障害。
（⁴　　　　　　　　　　　）…食物連鎖を通じて，生態系や人間の健康への影響大。

<対策>　60か国以上：（⁵　　　　　　　）の有料化や製造禁止を行う。
　　　　日本：「（⁶　　　　　　　　　）」キャンペーン
　　　　　　使い捨てプラスチックの排出抑制，（⁷　　　　　　）回収の徹底。

2 循環型社会をめざす法律

教 p.205

★★「循環型社会」をめざす取り組みについて，フィッシュボーンを使い，語群を参考にして考えよう。

シンキングツール

フィッシュボーン
頭には大きなテーマ・課題を設定し，中骨にそれを構成する視点を示し，具体的なことがらを小骨に書いて，課題の解決策を見つけよう。

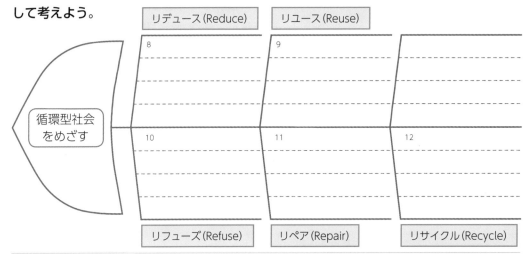

リデュース（Reduce）　　リユース（Reuse）

循環型社会をめざす

8　　9　　10　　11　　12

リフューズ（Refuse）　　リペア（Repair）　　リサイクル（Recycle）

個別リサイクル法　　レンタル　　シェアリング　　修理　　過剰包装を断る　　中古品として売る
分別回収　　詰め替え商品　　レジ袋を断る　　メンテナンス　　マイボトル持参　　不要品を人に譲る

年　　組　　番　　名前　　　　　　　検印

7 持続可能な社会をめざす取り組み

教 p.206〜207

▶教科書p.206 COLUMNを見て,「ごみゼロナビゲーション」のよい点について,話しあってみよう。

1 持続可能な社会に向けて

教 p.206

★Think Globally Act Locally…(¹　　　　　)で考え, (²　　　　　)で行動すること。

- (³　　　　　　　　　)…資源や環境を健全に維持できる社会。
- (⁴　　　　　　　　　)…化石燃料への依存を減らす社会。
- (⁵　　　　　　　　　)…自然の恵みの享受と継承。

2 環境に配慮した製品やサービスの選択

教 p.207

★1 環境ラベルを答えよう。

6	7	8
プラスチック製容器包装　紙製容器包装　ペットボトル　飲料用アルミ缶	120g CO₂	この商品の省エネ性能は? ★★★★
分別収集の促進	温室効果ガスの量をCO₂に換算	家電製品の省エネ性能

★★★2 環境に配慮した製品・サービスを選ぶ重要性について考えよう。

もし〜なら	環境に配慮した製品・サービスを選ぶ重要性	なぜなら
省エネ製品を選ばなかったら	(⁹　　　　　　　　)が進む	(¹⁰　　　　　　　)排出量が増えるから
計画的に食料を買わなかったら	(¹¹　　　　　　　)が増える	(¹²　　　　　　　)期限内に食べきれないから
地産地消を行わなかったら	ごみや(¹³　　　　　　　)消費が増える	包装資材が必要で, (¹⁴　　　　　　　)が長いから
再生可能エネルギーを使わなかったら	(¹⁵　　　　　　　)燃料に依存	(¹⁶　　　　　　　)発電は, 石油, 石炭, 天然ガスが燃料だから

仮定・条件にもとづいた結果を書く　　　結果を書き出した理由・根拠を書く

二酸化炭素　エネルギー　火力　温暖化　移動距離　賞味/消費　化石　食品ロス

シンキングツール

キャンディ・チャート
もし□□なら, こうなる。なぜなら○○だから, という形式にあてはめることで, 仮説と結果とその根拠について考えられるようになろう。

実践コーナー 1　買い物をする時どれを選ぶ？

1　身近な商品どっちを買う？

商品	A	B	選んだものと理由	感想
クッキー	150円 障がい者支援	98円 割引特価		
牛肉	320円／100g 地元で生産	180円／100g 海外で生産		
切り身魚	330円／2枚	398円／2枚 環境資源配慮		
シャツ	980円 ファストファッション	2,980円 フェアトレード		
シャープペンシル	98円 エコマークあり	98円 エコマークなし		

2　身近な食品についているマークの意味を調べてみよう。

	国際フェアトレード認証ラベル	1
	世界フェアトレード連盟（WFTO）	2
	MSC 海のエコラベル	3
	ASC認証	4
	エコマーク	5
	有機JAS	6
	GOTS（オーガニック・テキスタイル世界基準）	7
	FSC®認証	8
	RSPO認証	9
	レインフォレスト・アライアンス認証	10

3 エシカル消費について調べてみよう。

エシカル消費とは…[11]

フェアトレードとは…[12]

MSC 海のエコラベルとは…[13]

発展1 SDGs17のゴールのどれに関係が深いか，番号を記入しよう。（教科書p.210）

フェアトレード[14]

MSC 海のエコラベル[15]

発展2 貢献できる私たちの行動について記入しよう。

フェアトレード[16]

MSC 海のエコラベル[17]

4 身近な商品について調べてみよう。

● （　　　　　　　　）班：メンバー（　　　　　　　　　　　　　　　　　　　　　　　　　　　）

　調査するもの（　　　　　　　　　　　　　　　　　　　　　　　　　　　　　　　　　　　　　）

● 選んだ種類の商品3タイプについて，次の表を完成させよう。

商品銘柄	価格・正味量	表　示	配慮に関するマーク・キャッチコピー	その他

● 3つの商品のなかで，最もエシカル消費につながるものは…（　　　　　　　　　　　　　　　　）

● 選択した理由（　　　　　　　　　　　　　　　　　　　　　　　　　　　　　　　　　　　　）

感想

実践コーナー2　持続可能な開発目標（SDGs）

1　持続可能な開発目標（SDGs）とは何だろう？

・2015年9月の（¹　　　　　　　）で採択された。

・2016年から（²　　　　　　）年までの国際目標。

・MDGs（ミレニアム開発目標）は（³　　　　　　　）のための目標だったが，SDGsは（⁴
　　　　）も取り組まなければならない課題を含む。

・持続可能な世界を実現するための（⁵　　　　　　）のゴール（目標）とその下位目標である（⁶　　　　　　）
　のターゲット（達成基準）から構成される。

・（⁷　　　　　　　　　　　　　　　　　　）(leave no one behind) ことを目標の
　なかで誓っている。

2　「持続可能な世界を実現するための17のゴール」について，キーワードと
　考える語句を書き出そう。

1 ⁸	
2 ⁹	
3 ¹⁰	
4 ¹¹	
5 ¹²	
6 ¹³	
7 ¹⁴	
8 ¹⁵	
9 ¹⁶	
10 ¹⁷	
11 ¹⁸	
12 ¹⁹	
13 ²⁰	
14 ²¹	
15 ²²	
16 ²³	
17 ²⁴	

3　SDGsに貢献できる私たちの行動は？

1　日常の行動について，SDGsの17のゴールに貢献できるか番号を書こう。

Ａ　エアコンの設定温度…………（²⁵　　　　　　　　　）

Ｂ　節水……………………………（²⁶　　　　　　　　　）

Ｃ　マイバッグやマイ水筒………（²⁷　　　　　　　　　）

Ｄ　詰め替え………………………（²⁸　　　　　　　　　）

2　ささやかな行動だが，SDGsのゴールに貢献できる行動はないか，考えてみよう。

実践コーナー3　人生の行く手に何がある？

1　自分の人生を思い描いてみよう。

1	就職	7	ライフイベント
2	職種		
3	結婚	8	アクシデント
4	子ども		
5	親	9	老後
6	人生のゴール		

2　人生すごろくを描いてみよう。

3　教科書p.211 のすごろくを見て，自分の考えにはなかったライフイベントやアクシデントを書き出そう。

4　**3** のなかから起こってほしくないアクシデントと，その備えを考えよう。

5　自分には思いつかなかった言葉や考え方はなんだろうか。

1　世帯単位で行う経済活動。　　　　　　　　　　　　　　　　　　　¹

2　株式会社が株主（資金の出資者）に対して発行するもの。　　　　²

3　国や企業などがお金を借りる際に発行する文書。　　　　　　　　³

4　多くの人からお金を集め，その資金をプロが効率的に株式や債券などに運用してくれるしくみ。　　　　⁴

5　外国為替市場において，異なる通貨が交換（売買）される際の交換比率をさす。　　　　⁵

6　適切な意思決定をするための，金融や経済に関する知識や判断力のこと。　　　　⁶

7　法的に守られた「約束」。消費者が商品やサービスの購入を申し込み，事業者が承諾することで成立する。　　　　⁷

8　正式名称「特定商取引に関する法律」。不意打ち的な訪問や巧みな勧誘により，問題の起きやすい取引が対象。　　　　⁸

9　冷静に熟慮するための期間として，一定の期間内であれば，無条件に契約撤回，契約解除ができる制度。　　　　⁹

10　欠陥商品の事故による被害から消費者を救済する法律。　　　　¹⁰

11　未成年者が親権者の同意を得ずに結んだ高額な契約は原則取り消すことができる権利。　　　　¹¹

12　消費生活相談ができる，全国統一の消費者ホットラインの電話番号。　　　　¹²

13　借金返済のために新たな借金を繰り返し，借金が雪だるま式に増えた状態。　　　　¹³

14　消費者保護基本法を改正し，消費者の権利を尊重することが明記された法律。2004 年制定。　　　　¹⁴

15　都道府県や市町村に設置され，消費生活相談員などが相談に応じている機関。　　　　¹⁵

16　マイクロビーズのほか，大きなプラスチックが自然のなかで破砕されて微細なプラスチックになったもの。　　　　¹⁶

17　個人や企業が所有している物や空間・能力などを，他の個人や企業も利用可能とする経済活動。　　　　¹⁷

18　商品テストの共有化や情報の交流をはかるために設立された非営利・非政府系の国際消費者組織。　　　　¹⁸

19　地球規模で考え，地域で行動すること。　　　　¹⁹

20　環境だけでなく，地域の活性化や雇用なども含む，人や社会に配慮した消費行動。　　　　²⁰

教 巻頭❺〜❼, p.220〜221

ホームプロジェクト

1 ホームプロジェクトと学校家庭クラブ活動

教 巻頭❺〜❼

★日常生活のなかに家庭科で学んだことがいかされ，より幸せな人生を歩むことができた時に家庭科の学習目標は達成できたといえる。そのための実践活動として（¹　　　　　　　　　　）と（²　　　　　　　　　　）がある。これらの違いは，家庭内で行うか家庭外（学校内や（³　　　　　　　　　））で行うか，（⁴　　　　　　　）で取り組むか（⁵　　　　　　　）で取り組むか，である。

2 ホームプロジェクトとは

教 巻頭❺

★各自の家庭生活のなかから（⁶　　　　　　　）を見つけ，家庭科で学んだ（⁷　　　　　　　　　　）をいかしながら，生活を（⁸　　　　　　　）に探究したり（⁹　　　　　　　）したりして（¹⁰　　　　　　　　）をめざす学習活動である。

ホームプロジェクトの進め方	評価基準
1 See **1 課題発見**[題目設定の理由] ●身近なところを見直す ●気づいたことをメモする	**1 課題設定が適切であったか。** ・課題の選択が明確であるか。 ・目標がはっきりしているか。 ・今日的な社会状況を視野に入れて課題を設定したか。
2 テーマ決定 ●自分に合ったテーマを選ぶ ●関心のあるものからテーマを決める	**2 研究の計画や研究の進め方が適切であったか。** ・目標を達成するための方法（手段，経費，時間等）の検討がなされているか。 ・科学的・社会的視野で研究を進めてきたか。 ・計画に従って実施され，その経過が明確になっているか。
2 Plan **3 計画**[実態調査][問題点の把握] ●テーマを選んだ目的を明確にする ●課題解決の方法を具体的に考える ●実施のための計画を立てる	**3 研究内容が充実していたか。** ・創意工夫が見られ，意欲的な取り組みがなされたか。 ・家族の協力や理解が得られたか。 ・家庭科の学習がいかされた内容であったか。
3 Do **4 実施**[研究と実践] ●計画にそって実施する ●調査・研究から問題をまとめ，改善内容を考える ●改善内容を実施する ●実施結果を記録する	**4 目標が達成できたか。** ・目標に沿って努力できたか。 ・家庭生活の充実向上に役立ったか。 ・今後の課題が明確にされ発展性があるか。
4 See **5 反省・評価** ●反省・感想をまとめる ●自己評価をする ●家族・友人・先生のコメントをもらう ●全体を振り返り，今後の課題を考える	**5 発表内容と方法が適切であったか。** ・内容を明確にとらえて発表することができたか。 ・資料活用や表現方法が適切であったか。 ・発表態度が良かったか。
6 発表 ●友人の発表を聞き，自分の生活に役立つヒントを見つける	全国高等学校家庭クラブ連盟「FHJ GUIDE BOOK」より

1 ▶ *See*

1 課題発見 [題目設定の理由]

あなたの今までの生活のなかで，問題点や，困ったことがなかったか考えてみよう。

生活分野	問題点や，困ったことの内容
生き方と家族	
子ども，高齢者，福祉	
食生活	
衣生活	
住生活	
経済と消費行動	
その他	

2 テーマ決定

上の表に記入したなかで，目標が明確で，実現可能な（創意工夫して改善できる）テーマを考えてみよう。

テーマ案

2 ▶ Plan　3 計画 [実態調査] [問題点の把握]

実施計画		月　　日から 月　　日	現状把握 ・ ・
		月　　日から 月　　日	研究 ・ ・
		月　　日から 月　　日	実践 ・ ・ ・
		月　　日から 月　　日	今回の成果と今後の課題 ・ ・
参考資料等 (著者・文献名・発行所・発行年月日，URL・日付等)			
先生からのアドバイス			

提出日　　年　　　月　　　日	年　　組　　番　名前

155

実践を記録し，まとめよう。

テーマ
テーマ設定の理由
実施状況(調査・研究・実験結果) ※写真などの資料も添付し，足りない場合は別紙で補う。

4 ▶ *See* 5 反省・評価

実践についての反省や感想，評価をまとめよう。

反省・感想		
評価	自己評価	
	家族や友人のコメント	
	先生のコメント	
提出日　　年　　月　　日(　　)		年　　組　　番 名前

157

　　学んだ知識や技術を振り返り，自分の生活につなげよう

第1章 自分らしい生き方と家族	**第2章** 子どもとかかわる
あなたはこの単元の学習を通して，どのようなことができるようになりたいですか？	あなたはこの単元の学習を通して，どのようなことができるようになりたいですか？
自己評価 学んだことを，あなたの生活のどんな場面でどのように活かしますか？	自己評価 学んだことを，あなたの生活のどんな場面でどのように活かしますか？
第3・4章 高齢者とかかわる，社会とかかわる	**第5章** 食生活をつくる
あなたはこの単元の学習を通して，どのようなことができるようになりたいですか？	あなたはこの単元の学習を通して，どのようなことができるようになりたいですか？
自己評価 学んだことを，あなたの生活のどんな場面でどのように活かしますか？	自己評価 学んだことを，あなたの生活のどんな場面でどのように活かしますか？

第6章 衣生活をつくる	第7章 住生活をつくる
あなたはこの単元の学習を通して，どのようなことができるようになりたいですか？	あなたはこの単元の学習を通して，どのようなことができるようになりたいですか？
自己評価 学んだことを，あなたの生活のどんな場面でどのように活かしますか？	自己評価 学んだことを，あなたの生活のどんな場面でどのように活かしますか？
第8章 経済的に自立する	第9章 消費行動を考える
あなたはこの単元の学習を通して，どのようなことができるようになりたいですか？	あなたはこの単元の学習を通して，どのようなことができるようになりたいですか？
自己評価 学んだことを，あなたの生活のどんな場面でどのように活かしますか？	自己評価 学んだことを，あなたの生活のどんな場面でどのように活かしますか？

視聴覚教材記録用紙

テーマ	学習日　　月　　日	場所
内容・感想		

テーマ	学習日　　月　　日	場所
内容・感想		

図説家庭基礎 [家基707] 学習ノート　解答編

第1章　自分らしい生き方と家族

1　生涯発達する人生　(p.4)

[導入]　例）就職…本当にこの職業に向いているのだろうか。

1．これからの人生について考えてみよう

1　1　ライフコース，2　ライフステージ，3　乳幼児，4　学童，5　青年，6　成人・壮年，7　高齢，8　ライフイベント

2　（18歳「思いを一言」）例）18歳から大人で責任が重い。

2．発達課題と生涯発達

9　発達課題，10　生涯発達，11　進化，12　青年，13　自我，14　自立，15　自覚，16　責任（15・16順不同）

2　これからの人生をデザインする　(p.6)

[導入]　例）友人，お金　など

1．生活設計

1　1　ライフ・キャリア，2　生活設計，3　PDCAサイクル，4　Plan，5　Do，6　Check，7　Action，8　生活資源，9　家族，友人，時間，健康，情報，金銭，習得技術

2．これからの社会と私たちの人生

1

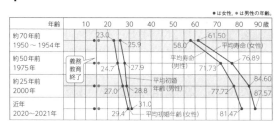

（感想）　例）義務教育終了年齢は変わらないのに，寿命は急激に伸びて，老後が長い。

3　青年期を生きる　(p.8)

1．自立とは

①　イ，②　エ，③　ア，④　ウ

2．自分らしい生き方

例）

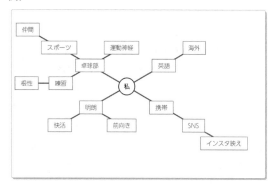

4　生活を支える労働　(p.10)

1．職業労働について考える

1　有償労働，2　雇用者，3　自営業者，4　自由業者，5　フリーランス，6　正規雇用，7　非正規雇用，8　テレワーク

2．家事労働について考える

9　無償労働，10　協力，11　小規模化，12　多様化（11・12順不同），13　共働き世帯，14　企業，15　家庭機能の外部化，16　社会福祉，17　地域福祉（16・17順不同）

例）

時刻	生活	自分がする家事	家族がしてくれる家事
	起床	朝刊を取りに行く	ごみ捨て，カーテン開閉
	朝食		献立・買い物・準備・かたづけ
	身支度		洗濯・アイロンがけ
	通学	自転車整備	靴を洗う・磨く
	昼食		弁当づくり
	部活動	ユニフォーム洗濯	洗濯
	帰宅		郵便物チェック
	夕食	かたづけ	献立・買い物・準備・かたづけ
	入浴		湯はり，掃除
	勉強・自由		
	就寝		布団干し，寝具洗濯
その他	掃除	自分の部屋	
	買い物	自分の物	食料・日用品の補充等
	荷物の受け取り		再配送依頼，引き取り
	妹弟の世話	時々勉強を教える	保育
	祖父母の世話	肩もみ	介護

5 生活時間から見えてくるもの (p.12)

導入 例）価値観，生活において重視する点，生活リズム，ライフスタイル，家庭や共に暮らす人，所属する集団への配慮　など

1．生活時間を考える
① コ，サ，タ，② ア，イ，ウ，エ，カ，ク，ス，③ オ，キ，ケ，シ，セ，ソ

2．生活時間配分の比較
1　例）・家事労働時間は女性が長い。・職業労働時間は男性が長い。・共働き夫婦の合計家事時間以上，無業妻は家事に時間を費やしている。　2　例）・共働き妻：家事の負担感が重いわ。・無業妻：私が病気の時どうするのかしら？・夫：仕事が忙しくて家事をする時間も気力もない。　3　例）夫の勤務時間が長すぎるかもしれない。妻は家事をするものだと思われているかもしれない。　4　例）働き方改革を進める。月に1回夫婦で家事について話しあいの時間を持つ。

6 男女共同参画社会をめざして (p.13)

導入 ❶ フライトアテンダント，❷ 保護者，❸ 看護師，❹ 営業職・営業社員

1．男女共同参画社会の推進
1　男女共同参画社会基本法，2　育児・介護休業法，3　女性活躍推進法，4　パートナー

2．固定的性別役割分業をこえて
1　例）

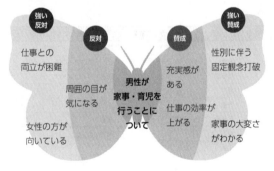

2　5　例）・育児休業制度・保育所・「イクメン」のポスター　6　例）・育児休業を男女とも必ずとらなければならないとする。・育児休業中の給料を100％保証する。

7 現代の家族 (p.14)

深ぼりWORK ❸ 例）血のつながり，愛情，きずな，同居，精神面・経済面での助け合い　など

1．家族って何だろう

1 ① イ，② カ，③ ア，④ オ，⑤ エ，⑥ ウ

2 1　家族，2　生育家族，3　創設家族，4　家庭，5　世帯，6　事実婚，7　パートナーシップ関係，パートナーシップ婚，8　法律婚

4 9　権利，10　扶養，11　費用，12　自由度，13　義務，14　財産，15　契約

8 家族・家庭を取り巻く社会環境の変化や課題 (p.16)

導入 例）児童虐待，DVによる殺人事件　など

1．世帯構成の変化
1 1　親族，2　非親族，3　単独，4　核家族，5　直系家族

2 6　核家族世帯，7　減少，8　直系家族世帯，9　単独世帯，10　増加，11　3.41，12　2.21，13　小世帯化，14　例）ひとり暮らしをする高齢者の増加。15　例）頼りにできる存在が身近におらず，社会的に孤立してしまう人の増加につながる。

2．現代の家族の課題と支援
1 16　周囲の人々が関心を持って行動する。17　児童虐待の防止等に関する法律，18　DV防止法

2 19　なぐる，蹴る，物を投げつける，水や熱湯をかけるなどの暴行でからだを傷つける，20　大声でどなる，ののしる，無視する，いやな言葉でおどすなどの行為で心を傷つける，21　性行為を強要する，避妊に協力しない，中絶を強要するなど，22　生活費を渡さない，働きに行かせない，いつもお金を払わせる，借りたお金を返さないなど，23　外出や電話，SNSを細かくチェックする，友人に会わせないなど，束縛して自由を奪う

深ぼりWORK ①　24　「おせーんだよっ」，25　精神的暴力，26　突き飛ばされる，蹴ったり，髪をひっぱったりする，27　身体的暴力，28　予算オーバーの指輪をねだられる，29　経済的暴力，30　ふだんのデートでも全部払う，31　経済的暴力

深ぼりWORK ②　32　例）孤独感，恐怖，複雑な心理，束縛，男尊女卑の考え方の残存，ジェンダー　など

③　33　男女共同参画局　相談機関一覧
http://www.gender.go.jp/policy/no_violence/e-vaw/soudankikan/index.html

9 家族に関する法律の理念と変化 (p.18)

導入 ❶ 6親等内の血族，配偶者，3親等内の姻族。
❷ 親子の関係でつながっている系統（配偶者は含ま

ない）。❸ 直系から分かれて出た系統。

1．家族法の理念と背景 ‥‥‥‥‥‥‥‥‥
1　家族法，2　1898，3　1948，4　「家」制度，
5　戸主，6　個人の尊厳，7　両性の本質的平等
（6・7順不同），8　戸主，9　30，10　25，11　両
性，12　夫，13　夫，14　夫または妻，15　父親，
16　父母の共同親権，17　家督，18　男子，19　均等，
20　男

2．時代に応じた民法改正 ‥‥‥‥‥‥‥‥‥
21　同等，22　18歳，23　男女とも満18歳，24　同姓・
別姓を選択できる

10　家族にかかわる法律　　　　(p.19)

導入　1　500，2　500，3　500，4　250，5
250，6　750，7　250

1．家族の生活と法律 ‥‥‥‥‥‥‥‥‥‥‥
①　（誤）20→（正）18，②　（誤）子→（正）配偶者，
③　（誤）婚姻法→（正）戸籍法，④　（誤）夫→
（正）夫又は妻，⑤　（誤）支援→（正）扶助，
⑥　（誤）単独→（正）別産，⑦　（誤）申請→
（正）協議，⑧　（誤）父→（正）父又は母，⑨　（誤）
父→（正）父母，⑩　（誤）双方→（正）一方，⑪　（誤）
管理→（正）教育，⑫　（誤）商売→（正）職業，
⑬　（誤）姻族→（正）兄弟姉妹，⑭　（誤）2→（正）
3

実践コーナー1

❸　例）
8（月），31（日），(No.) 24　1　アプリをダウンロードして，お小遣いの使用記録をつける。毎月貯金をして，目標額をためて，携帯電話を買い替える。
2　例）日ごろあまりいわれないが，無計画なお金の使い方について，家族から心配されていた。大人になって収入が決まってから考えればよいと思っていたが，収入から逆算して計画的にお金を使う習慣をつけないといけないと思った。

実践コーナー2

❶　1　18，2　18，3　例）・社会参画の主体としての自覚と責任が問われる。・これからの社会の形成に必要である。
4　18，5　例）・未成年取消権が行使できなくなり，契約に対して責任を負う。・成年としての意識を高める。
6　18，7　例）・成年として，自分の意思が尊重される。
8　18，9　例）・男女平等の見地。・成年年齢に準ずる。

10　20，11　例）・成長過程であり，心身の健康への影響が大きいため。
12　20，13　例）・ギャンブル依存症への懸念。
❷　14　例）・民法の成年年齢引き下げに準じて，成年としての自覚と責任を持たせることができる。・法を理解し，遵守する意識が高くなる。　など
15　例）・若年者として更生を促すことができにくい。・若くして前科がつくと，社会に出てから苦労する。　など
16　例）・犯罪者は，少年法の対象年齢を意識するのか？・教育・支援する意識より，罰する意識が強くならないか？　など

第1章　章末確認問題

1　ライフコース，2　ライフステージ，3　ライフイベント，4　生涯発達，5　ライフ・キャリア，6　PDCAサイクル，7　生活資源，8　職業労働，有償労働，ペイドワーク，9　家事労働，無償労働，アンペイドワーク，10　家庭機能の外部化（社会化），11　固定的性別役割分業，12　ジェンダー，gender，13　女性活躍推進法，14　世帯，15　事実婚，選択的事実婚，16　国勢調査，17　DV防止法，配偶者からの暴力の防止及び被害者の保護等に関する法律，18　家督相続，19　破綻主義，20　遺留分

第2章　子どもとかかわる

1　子どもの誕生　　　　(p.26)

1．青年期の健康と子どもへの影響 ‥‥‥‥‥
例）アルコール，たばこ，薬剤　など
2．生命の芽ばえ ‥‥‥‥‥‥‥‥‥‥‥‥‥
1　排卵，2　着床
❶　3　胎児，4　男女，5　つわり，6　流産，
7　胎盤，8　心音，9　頭髪，10　聴覚，11　胎動，
12　聴覚，13　うぶ毛，14　成熟児，15　子宮の収縮，
16　高血圧，17　むくみ

2　からだの発達　　　　(p.27)

導入　❶　×，❷　○，❸　×，❹　×
1．新生児の特徴 ‥‥‥‥‥‥‥‥‥‥‥‥‥
1　新生児，2　生理的黄疸，3　生理的体重減少
（2・3順不同）
❶　4　把握反射，5　吸てつ反射

2. 乳幼児期の特徴

6 乳幼児期，**7** 骨格，**8** 内臓器官（7・8順不同），**9** 脳神経系

1 **10** 例）成人は昼間に起きて夜寝るリズムだが，新生児はレム睡眠が非常に多く，3～4時間おきに睡眠と覚醒を繰り返す。

2 **11** 3,000，**12** 3，**13** 50，**14** 1.5，**15** 5，**16** 2，**17** 400，**18** 90，**19** 手や運動機能，**20** 言葉，**21** 円形，**22** 腹式呼吸，**23** 胸腹式呼吸，**24** 20，**25** 6，**26** 5～6，**27** 免疫，**28** 予防接種

3 運動機能の発達と知的発達 (p.29)

導入 例）初めてしゃべった言葉 など

1. 運動機能の発達

1 **1** 頭部，**2** 臀部，**3** 中心，**4** 末端，**5** 一体，**6** 細かな

2 **7** 臥位，**8** 座位，**9** 立位

2. 知的発達

10 運動機能，**11** 感覚（10・11順不同），**12** 言葉，**13** 探索，**14** 1，**15** ごっこ，**16** 見かけ

4 かかわりのなかの発達 (p.30)

導入 ❶ ×，❷ ○，❸ ×，❹ ×，

1. 情緒的なかかわりあい

1 愛情，**2** 信頼感（1・2順不同），**3** アタッチメント，**4** 安全基地，**5** 精神的，**6** 心身

2. 社会性の発達

7 生まれてまもないころのほほえみ。筋肉がゆるんで笑っているように見える。**8** 3か月ころから人の顔を見てほほえみ返す。

3. 乳幼児期の発達のめやす

9 3，**10** 5，**11** 喃語，**12** 7，**13** 人見知り，**14** 9，**15** 三項，**16** 11，**17** 1歳半，**18** かんしゃく，**19** 一語文，**20** 2歳半，**21** 第一反抗期，**22** 3歳半，**23** 友だち，**24** ごっこ，**25** 4～5歳，**26** 日常会話，**27** 6歳，**28** ルール，**29** 幼児語

5 子どもの生活習慣と健康 (p.32)

導入 ❶ ○，❷ ○，❸ ×，❹ ×，

1. 子どもの生活習慣

1 **1** 例）子どもが自ら楽しみながら習得できるよう，子どもの発達段階や性格，時期などを考えて適切に援助する。

2 例）なにげなく生活する私たちの日常が子どもの生活様式の習慣化につながるので，周囲の大人が子どもの手本となるような行動を心がける。

2 **3** 0～1，**4** 2，**5** 2，**6** 2，**7** 0～1，**8** 3，**9** 3，**10** 6，**11** 3，**12** 5，**13** 3，**14** 4

2. 子どもの健康管理と安全

2 ① 交通事故，① その他の不慮の窒息，③ 不慮の溺死および溺水

6 子どもの食生活・衣生活 (p.34)

導入 ❶ ○，❷ ○，❸ ×，❹ ○

1. 子どもの食生活

1 母乳栄養，**2** 人工栄養，**3** 混合栄養，**4** 初乳，**5** 免疫物質，**6** 離乳

2. 子どもの衣生活

7 無加工で，肌ざわりがよい。吸湿性がある。夏は通気性，冬は保温性に富む。**8** 洗濯にたえ，じょうぶで手入れがしやすい。**9** えりなしまたはえりが広く開いているもの。腹部を締めつけない。また上が深い。シンプルで動きやすく安全。大きさにゆとりがある。着脱が簡単で，時間がかからないもの。

7 子どもと遊び (p.35)

1. 遊びの機能

1 健康の維持・増進，**2** 情緒の発達，**3** 運動機能の発達，**4** 社会性の発達，**5** 知的能力の発達，**6** 生活環境の拡大（1～6順不同）

2. 遊びの形態と種類

7 感覚，**8** 運動，**9** 受容，**10** 模倣

3. 遊びの今日的課題

遊びの特徴・種類 例）ゲーム ネット

理由・背景 例）少子化 都市化 家庭用ゲーム機 スマートフォンの普及

問題点 例）戸外で遊ぶことができない 人づきあいが苦手な子どもの増加 運動遊びの減少

文章例）少子化や家庭用ゲーム機の普及などを背景に，子どもの遊びはゲームやインターネットを使ったものが多くなっている。このような遊びには，戸外で遊ぶことができない，人づきあいが苦手になる，運動遊びが減少するといった問題点がある。

8　親になることを考えよう　　　　　　　(p.36)

導入 ❶ ×，❷ ×，❸ ○，❹ ○

2．親子関係とパーソナリティの形成 ……………
① ウ，② エ，③ カ，④ オ，⑤ イ，⑥ ア

9　すこやかに育つ環境と支援　　　　　　(p.37)

1．子育てしながら働くことができる社会環境 ………
1　81，2　1.30，3　共働き，4　性別，5　育児
休業取得率

2．家庭・地域・園で育つ ………………………………
6　児童福祉施設，7　保育を必要とする子ども，
8　0～5歳，9　保育士，10　児童福祉法，11　学
校教育機関，12　希望者，13　3～5歳，14　幼稚園
教諭，15　学校教育法，16　学校および児童福祉施設，
17　3歳未満は保育を希望する子ども，3歳以上は希
望者，18　0～5歳，19　幼稚園教諭，保育士，保育
教諭，20　認定こども園法

3．子育てをめぐる社会的支援 …………………………
例）子育て支援センター，病児保育，子ども食堂　な
ど

10　子どもを守る法律・制度　　　　　　　(p.38)

導入 ❶ ×，❷ ○，❸ ○，❹ ×

1．子どもの権利とその歩み ……………………………
1　児童の権利に関するジュネーブ宣言，2　子ども
の権利条約

2．子どもの福祉 …………………………………………
3　児童福祉法，4　児童憲章，5　母子保健対策，
6　保育対策，7　心身障がい児対策，8　児童の健
全育成（5～8順不同）
1　9　2000，10　例）親の孤立や精神不安定など。

第2章　章末確認問題

1　母子健康手帳，2　新生児期，3　乳歯，4　ア
タッチメント（愛着），5　自発的微笑，生理的微笑，
6　社会的微笑，7　第一反抗期，8　喃語，9　基
本的生活習慣，10　社会的生活習慣，11　初乳，12
免疫物質，13　離乳，14　傍観遊び，15　平行遊び，
16　合計特殊出生率，17　認定こども園，18　子ども
の権利条約，19　児童福祉，20　児童虐待

第3章　高齢者とかかわる
第4章　社会とかかわる

1　高齢社会に生きる　　　　　　　　　　(p.46)

1．進む高齢社会 …………………………………………
1　65，2　高齢化，3　高齢，4　7，5　14，
6　28.6，7　38.4，8　少子化，9　28.8，10　32.3
2．高齢者とかかわる ……………………………………
11　健康寿命，12　8.73，13　12.07，14　短く
15　例）「おじいちゃん」ではなく，「○○さん」と名
前で呼ぶ。人生の先輩に敬意を持って接するため。

2　高齢者を知る　　　　　　　　　　　　(p.47)

1．高齢者の心身の変化 …………………………………
1　1　例）耳が遠くなる，物忘れをする，視力が低
下する　など
2　例）しわが増える，白髪になる，背中が曲がる
など
3　例）不安になりがち，自信を失う，頑固になる
など
4　例）早起きになる，詐欺被害が多い，よく旅行す
る　など
2　全員同じではない
3　例）新しいことを学習したり，新しい環境に適応
したりする能力（流動性知能）は25歳くらいから低下
するが，経験と結びついた判断力，理解力などの能力
（結晶性知能）は維持している。
2．高齢者の生活 …………………………………………
① ○，② ×，③ ○，④ ○，⑤ ○，

3　高齢者のサポートと介護の心　　　　　(p.48)

導入 例）
（＊名称）○○町地域包括支援センター
（＊場所）○○病院内　○○ケアセンター内
（＊業務内容）介護予防対象者の選定・予防プランの
作成，成年後見制度の活用促進，虐待の早期発見・防止，
制度や地域資源を横断する総合相談，ケアマネジャー
の後方支援
1．高齢者の生活の課題 …………………………………
① イ，② エ，③ ア，④ ウ
2．高齢者の生活を支える介護　3．介護の心 ………
1　1　生活，2　意思，3　主体，4　コミュニケー
ション，5　観察（4・5順不同），6　生活の質，
7　地域包括支援

2 8　現状を維持し，9　お互いに分かちあい共感する，10　高齢者自身の意思を察知する

4　高齢社会を支えるしくみ　(p.49)

1．介護保険制度
1　エ，2　カ，3　コ，4　キ，5　ケ，6　ク，7　ア

2．これからの介護と課題
①　イ，②　エ，③　ア，④　ウ

深ぼりWORK　**1**　例）日本は，「現在のまま，自宅にとどまりたい」と考える人が37.5％で他国より多い。「改築の上」を合計すると自宅にとどまりたいと考える人は59.1％である。「老人ホームに入居したい」は他国より多い。

2　🅐　主体的，🅑　加齢，🅒　安心，🅓　在宅

3　例）祖母へ：これからも家を離れたくない気持ちなの？　でも，ひとり暮らしのまま，何か困ったことになったら心配だよ。家事が大変ならヘルパーさんに来てもらう？　心細いなら，デイセンターに通って人と交流することもできるよ。今度，地域包括支援センターで相談してみない？

1　共に生きるために　(p.51)

導入　例）駅，デパート，市役所，ホテル，観光地，バスなど，人が集まる場所や乗り物，建物。

1．福祉とは
1　人間，2　幸せ，3　排除，4　保障

2．自分らしく生きる・支えあって生きる
5　排除，6　支え，7　孤立化，8　働く，9　参加

1　10　環境や社会

11　例）段差，せまい歩道，手すりがない　など

12　例）差別や偏見の目，点字ブロック上に駐輪する自転車　など

13　例）障がいや性別を理由に学校や就職試験の受験ができない

14　例）音声案内，手話通訳や文字情報がない，宗教の違いを考慮していない

2　社会保障制度　－公助－　(p.52)

導入　例）家（安心して眠れる場所），収入，スマホ，服，くつろげる場所や時間，大事なものを保管できる場所，清潔を保てること　など

1．社会保障制度とは
1　安心，2　支えあう，3　誕生前，4　リスク，

5　所得，6　消費，7　参加型，8　全世代型

1　9　行政を介した助け合い

2　①　ウ，d，②　オ，c，③　キ，b，④　ア，a，⑤　イ，c，⑥　エ，a，⑦　カ，b，

3　社会の一員としての私たちの役割　－互助・共助－　(p.53)

1．地域で支えあう暮らし
1　1　親密な人同士の助けあい，2　組織的な助けあい

2　3　例）・非常食の準備・着替えや寒さをしのぐ衣類を準備・ハザードマップを確認，4　例）・近隣で支援が必要な人を把握・炊き出しやトイレの準備，5　例）・町内会の避難訓練・ハザードマップの作成・食料供給などを企業と連携

2．ボランティア活動
1　①　ウ，②　イ，③　ア，④　イ，

実践コーナー1
1　🅐　気持ち　**2**　🅑　尊厳，🅒　できることをいか

第3・4章　章末確認問題

1　高齢化率，2　健康寿命，3　結晶性知能，4　老化，5　シルバー人材センター，6　老老介護，7　認認介護，8　QOL，Quality of Life，クオリティオブライフ，9　地域包括支援センター，10　認知症，11　ヤングケアラー，12　介護保険制度，13　福祉，14　自助，15　ソーシャルインクルージョン，社会的包摂，16　社会保障制度，17　国民年金，基礎年金，18　児童手当，19　NPO，NPO法人，特定非営利活動法人，20　ボランティア

第5章　食生活をつくる

1　私たちの食生活と健康　(p.62)

1．食べることと健康のかかわり
1　20〜40，2　間食，3　脂質，4　生活習慣病，5　16.3，6　21.0

2　7　例）低血圧　筋力の低下　抜け毛　摂食障害（拒食症や過食症）女子はホルモン分泌の減少　月経異常　骨粗しょう症，

8　不規則，9　運動，10　栄養的，11　糖尿病，12　脂質，13　メタボリックシンドローム

２．食生活の変化と問題点

1 （朝５回＋昼４回＋夜２回＋間食７回）÷（食事21回＋間食７回）×100 ＝64％

2 14 例）家事の軽減。異文化体験ができる。調理の水道・光熱費・時間の節約。大きなサイズや多種類のメニューが選べる。

15 例）家事能力の衰え，栄養の偏り，費用，味の画一化（家庭や地域の文化の衰退）。コ食の助長。食べ物の旬や，食材の良し悪しを判断する力が身につかない。プラスチック包装ごみの増加。添加物・異物混入の可能性。食材の背景や調理環境が見えない不安。

3 16 孤食，17 個食，18 固食，19 濃食，20 庫食

5 21 例）孤食，22 例）食事の時間に縛られず，個々が自由に仕事や行動ができる。23 例）食事マナーを教えてもらえない。好き嫌いを直せない。家族とのコミュニケーションの機会を失う。24 例）家族で一緒に食べる曜日を決める。

２　５大栄養素　　　　　　　　　　（p.64）

１．５大栄養素と水
1 ① ア，ウ，エ，② ウ，エ，オ，③ イ，ウ，エ，オ，カ，1 4，2 9，3 4
2 4 消化・吸収，5 老廃物，6 浸透圧，7 体温，8 60 9 4，10 9，11 4
12 48.2×4＋9.0×9＋5.8×4＝297，13 297

３　炭水化物　　　　　　　　　　　（p.65）

１．炭水化物の種類とはたらき
1 ア，2 オ（1・2順不同），3 エ，4 キ，5 カ，6 イ，7 ウ，8 ク，

２．炭水化物を多く含む食品
9 でんぷん，10 たんぱく質，11 βでんぷん，12 水，13 糊化，14 老化，15 アミロース，16 アミロペクチン，17 アミロース
1 18 とう精前の玄米には胚芽とぬか層がついているため，見た目が褐色でビタミンB_1や食物繊維の含有量が多い。とう精の度合いによって，栄養素が少なくなり，精白米は玄米の1／5以下の数値である。
19 でんぷん，20 水，21 グルテン
2 22 薄力粉，23 例）ケーキ・クッキー・天ぷらのころも，24 中力粉，25 例）うどん・そうめん・中華めん，26 強力粉，27 例）パスタ類・食パン・ふ
28 じゃがいも，29 さつまいも，30 さといも，31 やまいも，32 こんにゃくいも，33 ウ，34 カ（33・34順不同），35 イ，36 エ（35・36順不同），37 キ，38 オ，39 ア
40 てんさい，41 さとうきび（40・41順不同），42 しょ糖
1 ① エ，② ウ，③ イ，④ ア

４　脂質　　　　　　　　　　　　　（p.67）

導入 34.1

１．脂質の種類とはたらき
1 1 中性脂肪，2 脂肪酸，3 9，4 体温，5 リン脂質，6 コレステロール
2 7 飽和，8 不飽和，9 一価，10 多価，11 リノール酸，12 DHA，13 必須

２．脂質を多く含む食品
1 ① エ，② ア，③ イ，④ ウ
14 20，15 30，16 飽和

５　たんぱく質　　　　　　　　　　（p.68）

１．たんぱく質の種類とはたらき
1 アミノ酸，2 筋肉，3 臓器（2・3順不同），4 構成，5 抗体，6 必須アミノ酸，7 アミノ酸価，8 9，9 リシン，10 44，11 補足
1 12 例）納豆 みそ汁（豆腐を入れる）卵 かけるだけ，13 例）ツナ チーズ ゆで卵をはさんでサンドイッチ 豆乳，14 例）卵 ハム 鶏肉をレンジ加熱してのせる

２．たんぱく質を多く含む食品
1 15 リシン，16 不飽和，17 鉄，18 B_1，19 ビタミン，20 熟成，21 調理，22 脂質，23 炭水化物，24 B群，25 リン脂質，26 ミネラル
2 27 68，28 73，29 カスタードプディング，30 卵白，31 温める，32 砂糖，33 メレンゲ，34 レシチン，35 マヨネーズ，36 牛乳，37 豆乳（36・37順不同），38 茶わん蒸し
3 39 オ，40 イ，41 ウ，42 ア，43 カ，44 エ

６　ミネラル　　　　　　　　　　　（p.70）

１．ミネラルの種類とはたらき
1 95，2 ミネラル（無機質），3 40，4 骨や歯，5 筋肉や血液，6 酵素（4～6順不同）

２．ミネラルを多く含む食品
1 7 凝固，8 牛乳，9 骨粗しょう，10 pH，11 卵黄，12 筋肉，13 海藻，14 酸素，15 レバー，

16 貧血, 17 魚介, 18 味覚

2 19 50, 20 例）10代は男女ともに骨量が増加する。女性は50歳ころ（閉経）から急激に減少する。

7 ビタミン (p.71)

1. ビタミンの種類とはたらき
1 補酵素, 2 代謝調節, 3 抗酸化, 4 細胞間情報伝達（1～4順不同）, 5 脂, 6 水
1 7 バター, 8 緑黄色野菜（7・8順不同）, 9 夜盲症, 10 魚, 11 骨軟化症, 12 種実類, 13 緑黄色野菜, 14 油, 15 豚肉, 16 かっけ, 17 レバー, 18 口角炎, 19 いちご, 20 緑黄色野菜（19・20順不同）, 21 壊血病, 22 緑黄色野菜, 23 悪性貧血, 24 汁

2. ビタミンを多く含む食品
25 例）マヨネーズ（油）で炒め, すりごまとあえる。レンジ加熱し, みそとバター（脂）であえる。
26 例）豆乳, たまねぎと煮てスープにする。

8 その他の食品 (p.72)

1. 調味料・香辛料 2. し好食品
1 ノンカロリー, 2 果実酢, 3 グルタミン酸, 4 イノシン酸, 5 ポリフェノール

3. 加工食品, その他の食品
1 6 ウ, 7 ア, 8 エ, 9 イ, 10 災害食, 11 賞味
2 12 特別用途食品マーク, 13 特定保健用食品マーク

9 食品の選択と表示 (p.73)

1 例）色, 弾力, においなど, 五感による鮮度の選別方法, および原産地などの品質表示。
2 1 5, 2 3, 3 消費, 4 賞味
3 えび, そば, 落花生（ピーナッツ）, かに, 卵, 乳, 小麦, くるみ
4 5 イ, 6 ウ, 7 エ, 8 ア

10 食品の衛生 (p.74)

1. 食品添加物
① ◯, ② ×, ③ ◯, ④ ◯, ⑤ ×, ⑥ ◯

2. 食中毒
1 1 腸炎ビブリオ, 2 カンピロバクター（1・2順不同）, 3 毒素, 4 黄色ブドウ球菌, 5 ノロウイルス, 6 じゃがいも, 7 テトロドトキシン, 8 アニサキス

2 ① イ, ② ア, ③ ウ, ④ イ, ⑤ ア, ⑥ ア

11 食料自給率と食のグローバル化 (p.75)

1. 食料自給率
1 1 80, 2 97, 3 6, 4 38, 5 73
2 秋のメニューの例）鯖の味噌煮（旬の食材）, 玉ねぎとじゃがいもを使った炒め物, 小松菜と油揚げの煮びたし, 柿（地元の食材・くだもの）

2. 輸入食品への依存
① 例）過去には家畜の伝染病により輸入停止したことがある。今後, 輸出国の気候の変化で不作になった場合の輸入停止や, 肉類消費の拡大のために飼料用穀物の輸入量削減など, 輸出国の事情で変動する可能性がある。② 例）地球温暖化防止のため, 穀物を燃料として利用するバイオエタノールへの移行が進んでいる。食用の農産物不足に備えて輸出制限を始めた国もある。

12 食の未来と環境への取り組み (p.76)

1. 安全なものを食べるために
1 1 エ, 2 ウ, 3 キ（2・3順不同）, 4 ア, 5 オ（4・5順不同）, 6 カ
2 例）危険なものが入っていない（人工的な物質・食べ物でない異物）。つくり手がわかる。生産した環境が安全（土壌・農薬・化学肥料・水）。伝統的なつくり方。最新の技術。など

2. 環境への取り組み
1 例）・輸送コストが削減され, 排出される二酸化炭素の量を減らすことができる。・輸送の時間がかからないので, 熟したものを採取できる。
2 (p.9 参照)
深ぼりWORK **1** 例）主食のように毎日食べるもの, ストレス解消に食べるもの, 母の手づくり, 地域特有で地元の人に愛されているもの（郷土食・ソウルフード） など
2 利便性, 安全性（生産方法や環境）, 持続可能性, おいしさ, 価格 など

13 食事摂取基準 (p.78)

1. 食事摂取基準
1 食事摂取基準, 2 維持・増進, 3 年齢, 4 BMI, 5 身体活動レベル
2 6 5.3, 7 13, 8 0.3, 9 0.6, 10 15, 11 0.1, 12 520, 13 0, 14 70,

15　0.1，16　2，17　0，18　52，19　0，
20　219，21　5.4，22　15，23　0.3，
24　−548，25　−12.9，26　−202，
27　−3.2，28　−165，29　−33

14　食品群別摂取量のめやす　(p.79)

1．食品群別摂取量のめやす
1　1　卵，2　たんぱく質，3　カルシウム（2・3順不同），4　身体，5　1，6　豆・豆製品，7　たんぱく質，8　身体，9　野菜，10　いも，11　ビタミン，12　生理，13　砂糖，14　炭水化物，15　エネルギー，16　米，17　海藻，18　緑黄色，19　4
2　①　卵，野菜，いも，くだもの，砂糖，②　乳・乳製品，穀類

15　献立作成　(p.80)

導入　例）おいしさ，見ため，好み，アレルギー，年齢や持病にあわせた栄養バランス　など
1．家族の食事計画
1　1　イ・オ，2　ウ・ケ・（キ），3　カ・コ，4　エ・キ，5　ア・ク
2　①　オ，②　ウ，③　エ，④　イ，⑤　ア

16　調理の基本　(p.84)

1　主菜，2　副菜・汁物，3　10，4　なべ，5　コンロ，6　5，7　15，8　5，9　15，10　6，11　18，12　6，13　18，14　3，15　9，16　4，17　12，18　200，19　輪切り，20　小口切り，21　半月切り，22　いちょう切り，23　ささがき，24　色紙切り，25　乱切り，26　せん切り，27　みじん切り，28　ひたひた，29　かぶるくらい，30　たっぷり，31　高，32　短，33　少ない，34　水分，35　やすい，36　不要成分，37　崩れない，38　にくい，39　長い，40　高，41　短，42　少ない，43　少ない，

44　難しい，45　水分，46　短，47　少ない，48　こんもり，49　腹，50　一汁三菜，51　飯，52　かきたま汁，53　ごまあえ，54　さといもの煮物，55　さしみ，56　オードブル，57　スープ（パン）

第5章　章末確認問題

1　メタボリックシンドローム，2　中食，3　孤食，4　脂質，5　糖質，6　食物繊維，7　DHA，8　アミノ酸，9　骨粗しょう症，骨粗鬆症，10　水溶性ビタミン，11　緑黄色野菜，12　グルタミン酸，13　トクホ，14　ローリングストック，15　アレルギー表示，16　食品添加物，17　消費期限，18　菌をつけない，除菌，19　地産池消，20　食品ロス

第6章　衣生活をつくる

1　人と衣服のかかわり　(p.98)

参考までにa～eの民族衣装は以下の通り：
導入　a：ベトナム　アオザイ，b：インド　サリー，c：スコットランド　キルト，d：韓国　チマチョゴリ，e：ロシア　サラファン
1．人と衣服
1　身体保護説，2　特殊性説，3　集団性説，4　装飾説
2．衣服の機能
5　体温調節，6　皮膚，7　身体，8　体温，9　衣服気候
1　10　開口部の大きな服や汗を吸いやすい素材の衣服を着用する。11　重ね着をして，静止空気層を増やす。
2　12　Time（時），13　Place（場所），14　Occasion（場合）

(p.76) **2**　例）

2　健康で安全な衣服　　　　　　　(p.99)

1．快適な衣服 ……………………………
1　衣服気候，2　風合い（1・2順不同），3　運動性，4　体型，5　肌ざわり，6　伸びやすさ，7　吸水速乾，8　吸湿発熱（7・8順不同），9　年齢，10　身体能力（9・10順不同）

2．衣服の安全性 …………………………
例）マフラー　➡　エレベーターのドアにはさまれた。
ロングスカート　➡　階段で踏んで転んだ。

3　衣服素材の種類と特徴　　　　(p.100)

1　肌ざわり，2　麻，3　冷感，4　保温性，5　フェルト，6　絹，7　光沢，8　肌ざわり，9　アルカリ，10　日光，11　虫害，12　レーヨン，13　吸湿性，14　アセテート，15　絹，16　光沢，17　張り，18　黄変，19　アクリル，20　毛，21　保温性，22　伸縮性，23　しわ，24　強さ，25　静電気，26　熱
27　平織，28　表面はなめらかで薄手。表裏の組織が同じ。29　ブラウスやシャツ，シーツなど，

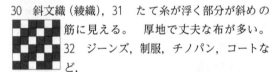

30　斜文織（綾織），31　たて糸が浮く部分が斜めの筋に見える。　厚地で丈夫な布が多い。32　ジーンズ，制服，チノパン，コートなど，
33　朱子織，34　表面に強い光沢が出る。35　ドレス，スカーフなど

4　衣服素材の性能と改善　　　　(p.101)

1．衣服素材の性能 ………………………
① イ，② オ，③ エ，④ ア，⑤ キ，⑥ ウ，⑦ カ，⑧ ク，⑨ サ，⑩ コ，⑪ ケ

2．衣服素材の改善 ………………………
1　形態安定，2　透湿防水，3　防炎・難燃，4　吸水速乾

5　衣生活の計画と購入　　　　　(p.102)

1．衣服の選択・購入 ……………………
1　着装，2　管理（1・2順不同），3　柄，4　デザイン，5　材質，6　試着，7　着心地
1　8　例）●サイズ　●着脱の難易　●色柄・デザ

イン　●手持ちの服との組み合わせ，9　例）●価格　●耐用年数　●手入れの方法　●購入先と支払い方法，10　例）●えり・そで・ボタン・ファスナーのつけ方　●縫いしろの幅やしまつ　●布目・縫い目，11　例）●保温性・通気性・吸湿性・吸水性　●肌ざわり　●素材

2．表示の確認 ……………………………
12　家庭用品質表示法，13　組成表示，14　取扱い表示，15　デメリット，16　家庭，17　漂白，18　アイロン
1　19　洗濯液の液温は40℃を上限とし，家庭洗濯（洗濯機洗い）ができる。20　ドライクリーニングはできない。21　日陰の平干し。22　洗濯液の温度は40℃を限度とした手洗いができる。23　漂白剤は使えない。24　アイロンの底面温度は150℃（中温）までを上限とし，アイロンをかけることができる。

6　衣服の管理　　　　　　　　　(p.104)

1．洗濯の種類と方法 ……………………
1　1　水，2　水溶性，3　収縮，4　色落ち（3・4順不同），5　有機溶剤，6　油性，7　型崩れ，8　水溶性，9　再汚染
2　① ×，② ○，③ ×，④ ○，⑤ ×，

2．洗剤のはたらき ………………………
10　界面活性剤，11　親水基，12　親油基（11・12順不同），13　アルカリ剤，14　酵素
1　15　浸透作用，16　乳化・分散作用，17　再付着防止作用，18　イ，19　ア，20　エ，21　ウ
2　① A，② A，③ B，④ B，⑤ A

7　家庭での洗濯・保管　　　　　(p.106)

1．家庭での洗濯 …………………………
1　日本で最も多く使用されている形。パルセーターが回転し，水流を起こして汚れを落とす。短時間で高い洗浄効果がある。使用水量が比較的多い。2　ドラムが回転し，洗濯物を落下させて汚れを落とす。洗濯機内にヒーターがあるため，洗濯から乾燥まで行える。洗濯時間が長い。使用水量が少ない。

2．漂白と増白　3．仕上げと保管 ………
1　3　付着した色素を化学的に分解し無色にすること。4　青い光を発する染料を繊維につけて，繊維を白色に見えるようにすること。
2　例）洗濯によってできたしわや風合いを回復するために，柔軟仕上げや糊づけ，アイロンかけなどを行う。季節外の衣服は，保管前に洗濯をして汚れをとり，

乾燥してから密閉性の高い容器に入れて保管する。保管する際には防虫剤や防湿剤を使用する。

8 持続可能な衣生活をつくる （p.107）

1．環境に配慮した衣生活 ・・・・・・・・・・・・・
1 消費，2 資源，3 SDGs，4 エシカル，5 循環型社会
1 6 微生物が有機物を分解する時に消費する水中の酸素量。7 し尿，8 台所，9 風呂，10 洗濯
2．衣生活の再資源化 ・・・・・・・・・・・・・・・・・・
11 リサイクル，12 リユース，13 マテリアル，14 ケミカル，15 古着
3．国際化する衣生活 ・・・・・・・・・・・・・・・・・・
(2006 年)① 中国，② イタリア，③ ベトナム，④ 韓国，⑤ タイ （2018 年)① 中国，② ベトナム，③ カンボジア（バングラデシュ），④ バングラデシュ（カンボジア），⑤ ミャンマー
実践コーナー1 **2** 1 チェスト（胸囲），2 体型区分，3 身長区分，4 バスト区分，5 体型区分，6 身長区分

第6章 章末確認問題

1 衣服気候，被服気候，2 TPO，3 風合い，4 ユニバーサルデザイン，5 天然繊維，6 再生繊維，7 半合成繊維，8 合成繊維，9 長繊維，10 混紡，11 吸湿性，12 吸水性，13 取扱い表示，14 ランドリー，15 ウェットクリーニング，16 界面活性剤，17 漂白，18 蛍光増白，19 ファストファッション，20 フェアトレード

第7章 住生活をつくる

1 人と住まいのかかわり （p.118）

1．住まいの機能と住文化 ・・・・・・・・・・・・・・・・
1 1 避難・保護，2 自然災害，3 風雨寒暑，4 ストレス，5 家庭生活，6 育児，7 食事，8 家財管理，9 個人発達，10 休養，11 仕事
2 12 漆喰で固めた赤瓦の屋根と庇を持ち，台風や日ざしにたえる。開放的なつくり。13 急勾配で断熱性のあるかやぶきの切妻屋根を持つ。豪雪に対応する合掌づくり。
2．生活様式と住まい ・・・・・・・・・・・・・・・・・・
14 食事室と寝室とを分離すること。15 プライバシー保護の観点から，夫婦と子，子の性別によって寝室を分けること。16 食事や団らん，接客の場となる公室と，就寝する私室とを明確に分けること。

2 平面計画からみた住空間 （p.119）

1．平面図と間取り ・・・・・・・・・・・・・・・・・・・・
1 片開き扉，2 引き違い戸，3 片開き窓，4 雨戸

3 ライフステージと住まいの計画 （p.120）

1．住まいの計画とユニバーサルデザイン ・・・・・・・・
1 さまざまな属性の利用者が社会活動に参加できるよう，アクセシビリティの公平性を保つためにバリアをなくすこと。2 一つのデザインで多様な利用者や状況に対応できる環境を実現できる製品や情報。

4 健康に配慮した住まい （p.121）

1．採光 ・・・・・・・・・・・・・・・・・・・・・・・・・・
1 窓，2 光，3 健康的，4 高さ，5 方位（4・5順不同），6 広さ，7 用途（6・7順不同），8 生活行為，9 LED
2．通風・換気と結露 ・・・・・・・・・・・・・・・・・・
10 気密性が高いため。人が通常の生活をするだけで，室内の空気中の CO_2 や水分などが増えて，空気が汚染されるから。11 風または室内外の温度差を利用して自然に外気と室内の空気を入れ替える自然換気。キッチンや風呂・トイレなどでは，換気扇を使って空気を外へ排出する機械換気。
3．騒音としゃ音 ・・・・・・・・・・・・・・・・・・・・
12 例）洗濯機，掃除機，生活排水などの生活音に対して，使用時間を配慮する。共同生活上のルールを守る。など 壁・床・天井にしゃ音材や吸音材を使用する。厚く重い壁や二重窓などが有効である。

5 安全な住まい （p.122）

導入 例）ドアのノブは扱いやすいレバー式ハンドルにする。浴槽はまたぎ高が低く，浴槽底面にすべり止め加工のあるものがよい。階段の照明は踏み面を集中的に照らす足元灯を併用する。玄関や廊下，浴室，トイレ，洗面，寝室に手すりをつける。車椅子で廊下や出入り口を通るには1m以上の幅が必要。
1．自然災害と住まいと防災 ・・・・・・・・・・・・・・
1 台風，2 水害（1・2順不同），3 備え，4 リスク，5 被災

２．人為的な災害と住まい

6　自然災害，　7　火の不始末，　8　火災警報器，
9　階段，10　バルコニー，11　防火戸

３．家庭内事故と安全対策

12　溺死および溺水，その他の不慮の窒息，転倒・転
落・墜落
13　65歳以上　14　例）風呂の残り湯をためておかな
い。手すりを設置する。段差をなくす。　　など

6　持続可能な住まい　　　　　　　　　（p.123）

１．住まいの維持・管理

1　新築時よりも性能を向上させたり，使いやすさを
改善したりして，新しい価値をつくり出す改修。
2　優れた特性・機能を持ちながら，より少ない環境
負荷で，製造・使用・リサイクルまたは廃棄ができ，
人にも優しい材料。

２．環境にやさしい住まい

3　道路，　4　インフラ，　5　コミュニティ，　6　環
境，　7　循環共生型，　8　居住，　9　資源，
10　CO_2，11　SDGs

7　これからの住まい　　　　　　　　　（p.124）

１．共生可能な住まい・まち

1　住生活基本法，　2　安全，　3　健康（2・3順不
同），　4　住民参加，　5　まち並み，　6　防災，
7　子育て

第7章　章末確認問題

1　食寝分離，　　2　就寝分離，　　3　公私室分離，
4　平面図，5　動線，6　バリアフリー，7　ユニ
バーサルデザイン，8　採光，9　自然換気，10　機
械換気，11　結露，12　公助，13　自助，14　生理衛
生の空間，15　シックハウス症候群，16　リノベー
ション，17　エコマテリアル，18　パッシブデザイ
ン，19　シェアハウス，20　コレクティブハウジング

第8章　経済的に自立する

ひとり暮らしについて

（よいところ）例）・自由，気まま。・同居人に気を使
わなくてよい。・自分の好きなように時間が使える。
（不安に思うところ）例）・病気の時。・生活費が高く
つく。・栄養が偏る。

1　日々の収入・支出を把握する　　　（p.132）

１．暮らしと家計

1　1　実収入，　2　経常収入，　3　特別収入，
4　実収入以外の収入，　5　繰入金，　6　実支出，
7　消費支出，　8　非消費支出，　9　実支出以外の
支出，10　繰越金
①　イ，②　ウ，③　ア，④　オ，⑤　エ，⑥　カ

２．生活に必要な費用と管理

11　可処分所得

2　社会と家計の変化　　　　　　　　　（p.133）

導入　例）結婚のご祝儀，車の修理費，病気をした際
の医療費　など
1　エンゲル，2　32，3　25
1　4　家計の情報化，5　家計の個人化，6　消費
財・家計のサービス化

深ぼりWORK

1　7　40,911，8　221,229
2　9　家族手当，住宅手当，勤務地手当，通勤手当，
時間外勤務手当
3　10　健康保険，11　厚生年金，12　雇用保険，
13　介護保険，14　所得，15　住民
5　（下図参照）

3　長期的な経済計画を立てる　　　　　（p.134）

導入　❶　例）住宅や車の購入，結婚資金，旅行・レ
ジャー，老後の生活費　など，❷　例）けがや病気，
火災，事故，失業，盗難，介護　など

（p.133）　**5**　例）

— 12 —

2．資産運用 ────────
1 1　安全，2　流動，3　収益，4　イ，ウ，オ，
5　オ，6　ア，エ　（1と4，2と5，3と6が対応している。4～6はそれぞれ順不同）
2 7　生命，8　個人賠償責任，9　傷害，10　医療，11　火災

4　経済のなかの家計　(p.135)

1．家計と経済の関係 ────────
1　家計，2　企業，3　政府，4　国民，5　国際，
6　為替相場，7　グローバル化
1 8　円安，9　2,400，10　円高，11　1,600

第9章　消費行動を考える

CHECK POINT
（カードをつくる時に答えた個人情報）
例）氏名，住所，生年月日，年齢，連絡先，学校名，
保護者氏名，趣味，関心のあること　など
（カードをつくってよかった点）
例）・ポイントがたまる。・会員特典が受けられる。・いちいち記入，登録しなくてよい。　など
（カードをつくって心配な点）
例）・個人情報の流失，悪用。・購入履歴がデータとして残る。　など

1　契約と主体的な消費行動　(p.138)

導入　❶　○，❷　×，❸　×
1．さまざまな契約
1　売買，2　賃貸借，3　雇用，4　医療，5　旅客運送，6　製作物供給
2．主体的な消費行動に向けて ────────
7　企業，8　表示，9　広告，10　行政・公的，
11　相談事例，12　法制度，13　製品事故，14　商品テスト，15　リコール，16　批判的思考

2　多様化する販売方法と問題商法　(p.139)

導入　例）取引相手の信頼性を確認する，口コミサイトをうのみにしない，説明や契約内容をきちんと読む，記録（契約書や領収証など）を残す　など
1．多様化する販売方法 ────────
1 1　無店舗販売，2　通信販売
2 3　架空・不当，4　定期，5　オンラインゲーム，6　オークション，7　フリーマーケット
3 8　×，9　例）未成年でも，成年であると自ら

嘘をついて契約した場合は取り消せない。10　×，
11　例）支払い義務はなく，相手に個人情報を知らせることになるので，こちらからメールを送らない。
12　○，13　例）情報料の説明がなく，利用するつもりでかけていないので，契約は成立していない。
14　○，15　例）トラブルに対して，被害を最小限に抑えるためにとても大切である。
4 16　JADMA（ジャドマ）マーク，17　SSL／TLS
2．問題商法への対処法 ────────
18　訪問買取（押し買い），19　送りつけ商法，
20　マルチ商法，21　資格商法，22　アポイントメント・セールス，23　キャッチセールス，24　モニター商法，25　デート商法，26　タレント・モデル契約，27　サクラサイト商法，28　振り込め詐欺

3　消費者を守る制度・法律　(p.141)

導入　❶　○，❷　×，❸　○，❹　○
1．適切な契約のための制度・法律 ────────
1 1　特定商取引，2　クーリング・オフ，3　一定の期間，4　書面，5　無条件，6　通信販売，
7　個人取引
2 8　ア，エ，キ，ク，9　ウ，オ，10　イ，カ，ケ
3 11　クレジット，12　5，13　両面のコピー，
14　特定記録，15　簡易書留，16　適正な環境，
17　取り消せる，18　不当，19　無効
2．製品による事故と被害の救済 ────────
20　製造物責任法，21　無過失責任，22　SGマーク，
23　STマーク，24　おもちゃ
ズームアップ
25　未成年者取消権，26　親権者，27　情報商材，
28　消費生活センター，29　消費者ホットライン
30　例）帰りたいので，帰ります。31　例）無料サンプルをもらったから。無料診断だけだと思ったから。
32　例）「ニキビの跡が残る」と不安にさせる，クレジットの分割払い，理解（契約）するまで説明。

4　多様化する支払い方法　(p.143)

1．多様化する支払い方法 ────────
1 1　キャッシュレス，2　電子マネー，3　二次元バー，4　QR，5　プリペイド，6　デビット，
7　クレジット，8　仮想通貨
2 9　必要，10　返済計画，11　キャッシング，
12　カード会社や警察，13　借りない，貸さない，

14　暗証番号

3　15　消費者信用，16　販売信用，17　消費者金融

2．多重債務への予防と対処

1　18　貸金業法，19　住宅，20　3分の1，21　利息制限法

2　22　20，23　18，24　15

3　25　2,000，26　18,000，27　150,000

4　28　一括，29　分割，30　リボルビング

5　31　任意整理，32　特定調停，33　個人再生，34　自己破産

深ぼりWORK

①　35　4,979，36　16,608，37　31,578

②　38　1，39　3，40　12，41　24

③　42　利息の支払いがない。43　完済年月を決定できるが，支払い額が月により異なる。44　支払い額が一定だが，返済が長期化し，利息総額が増えることに注意する。

④　45　295,080

5　消費者の権利と責任　　　　　　　　(p.145)

導入　例）チケット払い戻し手続きと称して，口座番号やパスワードなどを聞き出し，口座からお金を引き出す。

1．消費者の権利を守るために

1　1　科学技術，2　流通，3　生産，4　消費（3・4順不同），5　健康被害，6　安全性，7　契約，8　消費者問題，9　消費者運動

2　10　消費者保護基本法，11　消費生活センター，12　消費者基本法，13　消費者委員会，14　消費者庁，15　消費者安全法

2．これからの消費者

16　国際消費者機構，17　生活の基本的ニーズ，18　安全，19　知られる，20　選ぶ，21　意見が消費者政策に反映される，22　被害救済，23　消費者教育（22・23順不同），24　健全な環境のなかで働き，生活する（19〜21・24順不同），25　批判的意識，26　自己主張と行動，27　社会的関心，28　環境への自覚，29　連帯

6　持続可能な社会の構築　　　　　　　(p.146)

導入　（影響）例）海面上昇，熱波や大雨などの異常気象が増える。　（対策）例）再生可能エネルギーや省エネによるエネルギー利用の効率性を高める。

1．海洋プラスチック問題

1　海洋，2　10，3　海洋生物，4　マイクロプラスチック，5　レジ袋，6　プラスチック・スマート，7　分別

2．循環型社会をめざす法律

8　マイボトル持参　詰め替え商品　レンタル　シェアリング，9　不要品を人に譲る　中古品として売る，10　過剰包装を断る　レジ袋を断る，11　メンテナンス　修理，12　個別リサイクル法　分別回収

7　持続可能な社会をめざす取り組み　(p.147)

導入　例）・自ら分別してもらう「来場者参加型」の活動である。・リユース食器を利用し，使い捨て容器を削減する。

1．持続可能な社会に向けて

1　地球規模，2　地域，3　循環型社会，4　低炭素社会，5　自然共生社会

2．環境に配慮した製品やサービスの選択

1　6　識別マーク，7　カーボンフットプリントマーク，8　統一省エネラベル

2　9　温暖化，10　二酸化炭素，11　食品ロス，12　賞味／消費，13　エネルギー，14　移動距離，15　化石，16　火力

実践コーナー1

2　1　原料生産から製品製造までの全過程で，国際フェアトレードラベル機構が定めた基準を満たしていることを示す。2　世界フェアトレード連盟に加盟し，基準を満たしたフェアトレード団体であることを示す。3　MSC（海洋管理協議会）により，海洋の自然環境や水産資源を守って捕獲された水産物につけられる。4　ASC（水産養殖管理協議会）により，環境，労働者と地域社会にも配慮した養殖業および養殖水産物を認証する。5　（公財）日本環境協会から環境負荷の少ない商品として認定された商品に表示される。6　基準を満たした方法で栽培された有機農産物などに表示される。7　生産工程を含めたオーガニック繊維製品の認証基準を満たし，認証機関の審査を経た商品に貼付される。8　森林管理協議会の基準に基づき認証された製品に付けることができる。環境や地域社会に配慮し，管理された森林に由来。9　RSPO（持続可能なパーム油のための円卓会議）の国際基準を満たしたもの。生産と流通の2つの認証がある。10　環境・社会・経済面の厳格な基準にのっとって管理されている農園や森林などでつくられた商品。

3　11　例）環境だけでなく，地域の活性化や雇用なども含む，人や社会に配慮した消費行動。よりよい社会に向けて，人や社会・環境・地域・生物多様性など

に配慮した消費行動。
12　途上国の労働者へ，公平な対価を保証するしくみ。
13　海洋の自然環境や水産資源を守ってとられた水産物に与えられる。

発展1
14　例）1，2，3，4，6，8，9，10，16，17
15　例）2，3，13，14，15

発展2
16　例）・マークを確認する。・できるだけフェアトレード商品を買う。・開発途上国で起業する。　など
17　例）・川や海を汚さない。・ラベルを見て，購入する。・環境に配慮する意識を高く持つ。　など

実践コーナー2
１　1　国連サミット，2　2030，3　開発途上国，4　先進国，5　17，6　169，7　地球上のだれひとりとして取り残さない
２　例）8　貧困，9　飢餓，10　健康と福祉，11　教育，12　ジェンダー平等，13　水とトイレ，14　エネルギー，クリーン，15　働きがい，経済成長，16　産業，技術革新，17　不平等，18　まちづくり，19　つくる，つかう，20　気候変動，21　海，22　陸，23　平和と公正，24　パートナーシップ
３　25　例）7，13，26　例）6，7，27　例）7，

13，14，15，28　例）7，13，14，15

第8・9章　章末確認問題

1　家計，2　株式，3　債券，4　投資信託，5　為替相場，為替レート，6　金融リテラシー，7　契約，売買契約，8　特定商取引法，9　クーリング・オフ制度，10　製造物責任法，PL法，11　未成年者取消権，12　188，13　多重債務，14　消費者基本法，15　消費生活センター，16　マイクロプラスチック，17　シェアリング・エコノミー，18　国際消費者機構，CI，19　Think Globally Act Locally，20　倫理的消費（エシカル消費）

ホームプロジェクト

1．ホームプロジェクトと学校家庭クラブ活動 ⋯⋯⋯⋯
1　ホームプロジェクト，2　学校家庭クラブ活動（1・2順不同），3　地域社会，4　個人，5　チーム（4・5順不同）
2．ホームプロジェクトとは ⋯⋯⋯⋯⋯⋯⋯⋯⋯⋯
6　課題，7　知識や技術，8　科学的，9　創造，10　課題解決